FLYING TOWARDS A NEW ERA IN

SHINSHU

新たな時代にはばたく信州

信州を学ぶ◉未来を創る編

――長野県立歴史館編

信濃毎日新聞社

はじめに

長野県立歴史館長　笹本正治

歴史を学ぶのは何のためか

あなたはなぜ歴史に興味を抱くのでしょうか。信州の歴史を知りたいとか、家系を知りたいとか、動機は人によってさまざまだと思います。

本書は、歴史学を前提に編集されています。書いているのは長野県立歴史館の職員と、かつて職員だった人たちです。執筆者も読者も、歴史という共通性でつながっています。

私は長らく歴史学を専攻し、現在も歴史学に関わって仕事をしてきました。なぜこんなに歴史と付き合うのか。その根本には「私はどこから来てどこに行こうとするのか」「私とは一体何なのか」という自己への問いかけがあります。

歴史学者にとって「どこから来て」というのは、場所の問題ではありません。時間経過における過去のことです。それは今、現在から振り返ることのできる人間の社会や組織、心持ちなどを意味します。

「どこに行こうとするのか」は未来です。私たちが動く時には、どこへという目的地を設定し、何の目的もなく歩き回ることをあまりしません。今より悪い状態になることがわかっていて、そこに向かうことはせず、何らかの意図を込めて行く先を決めるはずです。どのように動けば、より幸せになれるか、を考えるものです。その際には、自分のこと以上に、子孫のために、家族のために、そして周囲のためになるように動くのではないでしょうか。

私たちにとって大事なのは、これから行く先である未来です。今に生きる私たちが未来を決めるのであり、未来を構築していくための材料は過去と現在しかありません。しかも、今は即座に過去になります。

未来に向かう時、歴史を知ることは必須なのです。歴史をいかに理解するかによって、行くべき方向、創られるべき未来が変わってきます。だからこそ、私は歴史を学ぶことが大事だと考えます。

日常生活、世界、そして未来

歴史を理解するためには、立脚点をどこに置くかが問題です。

私たちが歩く時、しっかり足元を自覚して歩かなければ転んでしまいます。足元がぬかるんでいたなら、乾いたところを選んで歩くか、長靴を履くかを考えます。ガラスの破片や釘の落ちているところを裸足で歩く人もいませんし、高い山に登るのにサンダル履きの人はいません。足元の地形や地質などを知って動きます。足元を知ることは行動の基本です。

それでは、歴史における足元とは何でしょうか。

「私」の歴史的な足元といった場合、自分中心あるいは私個人の立ち位置のことです。自分の生まれた履歴、自分の家族の歴史、さらに自分や家族が付き合う周囲の歴史、自分や家族が属している地域の歴史、自分の住む市町村の歴史、市町村が含まれる日本の歴史、日本が含まれているアジアの歴史、アジアを含む世界の歴史といった順番で視野が広がります。

ところが、教科書で教える日本の歴史は、日本という国を範囲とする歴史です。

世界史を、日本を中心にした波紋のように眺めるとすれば、波紋の中心には日本史が置かれるはずですが、学校で教える世界史には日本が中心に置かれていません。中国を中心としたアジア史、ヨーロッパを中心とした欧米史に大きなページが割かれています。

長野県立歴史館の「信州を学ぶ」シリーズは、『日常生活からひもとく信州』から始まりました。「地域が重要である」と言うならば、基盤になる地域とは何かを考えることが大事です。できたら虫の目のように地に這《は》いつくばって地域を見たいものです。長野県という波紋の中には、市町村や地域の小さな波紋が含まれます。『日常生活からひもとく信州』の視点や地域間の比較手段は、どの地域であっても十分に生かすことができるはずです。

次に発刊した『広い世界とつながる信州』では、どんな場所であっても広く日本と、そして世界とつながっていると主張しました。地域の歴史は孤立しておらず、私たちの足元は世界につながっています。広い視野から見る、あるいは他と比較することがなければ、実際の足元は見えないと伝えたかったのです。

見方を変えましょう。『日常生活からひもとく信州』にはしっかり信州を知って、お国自慢ができるようになりたいという気持ちを込めました。でも、お国自慢は客観的でないと周囲に受け入れられません。だから『広い世界とつながる信州』を認識しましょうということにもなります。

大局を知るために、鳥の視点さらに宇宙からの視点を持ちたいものです。

明日にはばたくために

未来は私たちの過去と現在、すなわち歴史の向こうに広がります。過去の歴史を変えることはできませんが、未来は私たちによって創られます。歴史を学ぶことは単に知識量を増やすことではありません。未来に真摯に立ち向かう姿勢なくしては、歴史を学ぶことにならないだろうと思います。

今回の『新たな時代にはばたく信州』は、私たち自身が、そして自分の子や孫たちが、さらにその先にいる信州人や日本人が、少しでも安全で心豊かな生活が送れるようにするために、今の私たちは何ができるか、何をするべきかを考えました。

現在、地球に住む全生物にとって大きな課題になっていることのひとつに地球温暖化があります。人類は間違いなく、地球温暖化に大きな影響を及ぼしてきました。となると、私たちは日常生活でどのように動いたらよいのでしょうか。地球温暖化の原因とされる二酸化炭素を少しでも排出しないという行動ひとつであっても、自分ひとりが努力すればよいのではなく、周囲を巻き込まねば大きな力になりません。温暖化は地球規模の動きですから、世界とつながっていく必要もあります。

過去の環境と現在の環境、未来のあるべき環境はリンクしています。少しでもよい環境を残すために、あるいはもっとよい環境を創り出すために行動したいものです。よりよい環境とはどのようなものだと学ばなければ、善意の行動がかえって環境への悪影響になることも知っていなければなりません。


私は特定の人だけが歴史をつくると考えません。有名な人の背後には、名もなき多くの人がいます。歴史上の人物の名前を覚え、年号を暗記するのが歴史を学ぶことではありません。特定の有名人だけを重視することは、私たちが負うべき歴史への責任を放棄することにつながりかねません。私たち一人ひとりが歴史を築く主人公であることを自覚し、次の時代に対して責任を負いながら、豊かな未来を築く主体者にならなければいけないのです。

学び続け、自分が学んだことを実践し、よりよい未来をつくる活動者になりましょう。みんなが汗をかかなければ、よい未来などつくれるわけがありません。つらくても未来を信じて汗を流したいものです。

本書を手に取っていただきまして、ありがとうございました。

新たな時代にはばたく信州◉もくじ

1

信州の山々と生きる——

自然と環境

山里の暮らしは語る

江戸時代の山里の日常生活

菅江真澄《すがえますみ》は宝暦4（1754）年ごろに三河国《みかわ》（愛知県）で生まれました。若い時から旅を愛し、天明3（1783）年、郷里を離れ、信濃・越後（新潟県）を経て東北へ向かう旅に出ました。菅江が書いた紀行文には、山里に暮らす信濃の人びとの生活が見えます。

（天明3年5月24日）洗馬《せば》（塩尻市）の宿場を左にみて、本《もと》洗馬という里にはいった。（5月）二十五日（中略）人々が大ぜい、丁重な挨拶をして話しあっているのは、田植えも終えてから二、三日、村中そろって仕事も休んで遊び、五日の節句と同じように、村中を挨拶してあるく習俗によるものであった。

（6月）二十日、朝、ひらいた窓に一人向かう。この里は、よその国よりもたいそう涼しく、朝夕は、まだ厚い着物を重ね着して、やっと麦を苅り収め、まゆから糸をひく仕事にかかっているが、そば畑はいま、青青とひろがり（後略）（『菅江真澄遊覧記』より）

三河国を発《た》った菅江は、伊那谷から洗馬に入りました。菅江が目にしたのは、共同の田植えを終えた村人が一斉に休む農休み（村の遊び日）でした。村では農作業の合間に休日が設けられていたのです。

旧暦の6月20日は新暦の7月19日にあたります。麦の刈り取りが終わると、繭から生糸をひく作業に取りかかります。用水を得ることが難しい場所では畑に麦をまき、ソバを作り、その合間には養蚕を行っていました。

天明三年の春から信濃国つかまの郡（筑摩郡）に滞在していたが、この秋、更級の姨捨山に月を見ようと、心のあった仲間と相談しあい（中略）（八月十四日）青柳という宿場についた。たくさんの家が軒をならべ、富裕な家が多かった。（中略）麻績《おみ》の里に休んで、女の機《はた》を織るのを見ながら、歌を詠んだ。（中略）明日は、やはた村（八幡村）にある御社に神事があり、きょうはその予行の御神楽があるので、里々村々の

商人や木樵《きこり》など参詣の男女が群がり、声もどよめいて、道いっぱいにあふれる賑わいだった。（『菅江真澄遊覧記』より）

菅江は本洗馬を発ち、善光寺街道（北国脇往還）を北上して、青柳宿（東筑摩郡筑北村）に入りました。山村の宿場ながら、富裕な家を目の当たりにします。麻績では機織りの様子を眺めています。江戸時代中期のことですので、機は地機《じばた》、織った布は麻か木綿でしょうか。更級郡八幡村（千曲市）の武水別《たけみずわけ》神社の祭礼を翌日に控え、大勢の参拝者が集まっている様子がわかります。

天保11（1840）年の夏、江戸の俳人、田川鳳朗《ほうろう》が越後・信濃の旅に出ました。江戸を発った鳳朗は上野《こうずけ》（群馬県）を経て、糸魚川（新潟県糸魚川市）から糸魚川街道を南下します。その様子を書き残していました。

山中湖三ツ有て大なるハ縦横壱里と云。此山間在迁迫《せんぱく》（原文のママ）にして耕作の地乏しけれバ、専ら養蚕もて専業とすとかや。爰《ここ》に感ずべきハ山中の在々人物の淳朴《じゅんぼく》えもいはれず、富貴を羨《うらやま》ず貧賤をにくまず、己々《おのおの》が、恒《つね》を守りて泰然として心を動さ

ず。万事閑易にして奢《おごり》を知らざるハ実に僻地の人民幸に神代の遺風をうしなハざるならんと尊し。（『続礪浪山集《となみやま》』より）

鳳朗は千国（北安曇郡小谷村）を経て大町に来ました。山中湖三ツとは青木湖、中綱湖、木崎湖をさします。山が迫り、耕地が乏しいので、養蚕を専業としていると記しています。江戸時代の農業というと稲作に目がいきますが、ここの人びとの暮らしを支えていたのが養蚕業であったのです。人びとが純朴で裕福な人を羨まず、泰然としているさまを書いています。実直な信州人の姿を見ることができます。

山に囲まれた盆地や山間部に暮らしていた信州人は、どのような暮らしを営んできたのでしょうか。当たり前の生活は記録にはなかなか残りませんが、紀行文などから江戸時代のふだんの信州が垣間見えます。

明治の山村の豊かさとは

旧松本藩士の父を持つ歌人で陸軍軍人の斎藤瀏《りゅう》は、明治12（1879）年に北安曇郡七貴村（安曇野市明科七貴）で生まれました。11歳で北城村（白馬村）の酒屋の丁稚《でっち》に出るまでこの村に住んでいました。斎藤が書いた随想から、明治20年ごろの安曇野市をのぞいてみましょう。

冬の父は村の若者に読書と習字を教えた。若者は習字より読書をよろこんだ。父はたいてい炬燵にあたって素読も講義もしていた。若者もあたれるだけは炬燵にあたり、あたれぬものは交代することにしてその周囲に父を囲んでいた。晩酌後の先生は時々、居眠りをする。それでも弟子が誤った読み方をすると決して聞き落とさなかったようだ。

旅芸人がどうした関係かよく私の家へ宿《とま》った。そして私の家へ村のものが集まってきた。義太夫《ぎだゆう》・祭文《さいもん》・怪談語りなどの類であったが、中には数日滞在する者もあった。家が広いとか、何とか村の者におだてられていい気になっていたのかもしれぬ。

(中略)私は十一歳の時、白馬山下北城村の素封家の造り酒屋へ丁稚奉公にやられた。(中略)私は横澤本衛氏に連れられて北城村を出発し、人力車で大町へ出《い》で、ここで一泊して、翌日は穂高で昼食を主人の本衛氏と共にし、昨日同様人力車で松本へ向かった。私は産まれて初めて人力車と言うものにのった。昨日も今日も人力車だ。大凡十六里の道である。(「太刀を振って土をこなす百姓」より)

農閑期の冬、自宅で読み書きを教えるほのぼのとした村の先生の姿を感じます。当時の寺子屋の実態をよく表しているといえるでしょう。また、村外から訪れた旅芸人に宿を貸し、義太夫、祭文（山伏など）、怪談語りなど得体の知れない芸能者が集まってきていました。余暇を楽しむ遊びが少なかった村人に多くの芸能者が娯楽を届けにやって来ていたのです。

このころの交通事情として、斎藤は初めて人力車に乗ったと書いています。人力車は明治の初めごろ発明され、全国に普及しました。

明治9年から16年に村の地理、歴史、風土等の把握のために行われた「皇国地誌」（官撰地誌編纂事業）の調査によると、長野県下には当時、大小698の町村がありました。人力車は県内に総計1572台、馬車は15台ありました。人力車の多かった町村は北深志町（松本市）、上田町（上田市）、長野町（長野市）で100台を越えています。斎藤が乗った大町村にも8台の人力車がありました。明治期の人びとの足として利用されたのです。

北アルプスなどの高い山は、山村に暮らす人びとにとって日々眺め、季節の移ろいを感じ、雪形の変化から農作業を開始するタイミングを図るもの、あるいは山岳信仰の対象でした。それに対して、幕末から明治期に信州を訪れた外国人は、山岳信仰の信者や猟師などしか入らなかった北アルプスに登山をする目的でやって来ます。アーネスト・サトウ（1843〜1929）やウォルター・ウェストン（1861〜1940）ら多くの外国人が訪れました。明治の終わりごろ、ドイツ生まれのW・シュタイニッツアー（1867？〜1954）が信州の旅（松本―北アルプス―大町―戸隠―木曽）をしています。彼の目には、北アルプス山麓の村々がどう映ったのでしょうか。

順位	郡名	町村名	現市町村名	人力車台数
1	東筑摩郡	北深志町	松本市	147
2	小県郡	上田町	上田市	146
3	上水内郡	長野町	長野市	115
4	埴科郡	坂木村	坂城町	74
5	北佐久郡	追分村	軽井沢町	70
11	東筑摩郡	筑摩地村	塩尻市	31
12	東筑摩郡	南深志町	松本市	29
14	東筑摩郡	信樂村	松本市	22
18	東筑摩郡	廣丘村	塩尻市	19
23	東筑摩郡	鹽尻村	塩尻市	15
36	東筑摩郡	岡本村	松本市	10
40	東筑摩郡	宗賀村	塩尻市	9
45	北安曇郡	大町村	大町市	8
46	南安曇郡	豊科村	豊科町	8
47	西筑摩郡	贄川村	楢川村	8
59	東筑摩郡	豊丘村	松本市	6
68	東筑摩郡	筑摩村	松本市	5
76	北安曇郡	池田町村	池田町	4
108	北安曇郡	松川村	松川村	2
109	南安曇郡	東穂高村	穂高町	2
110	東筑摩郡	和田村	松本市	2
111	東筑摩郡	島立村	松本市	2
123	東筑摩郡	波多村	波田町	1
124	東筑摩郡	深志村	松本市	1
125	東筑摩郡	麻績村	麻績村	1

（注）上位5位までの町村と、東西筑摩郡、南北安曇郡すべての台数

長野県の明治初期における人力車数

（『長野県町村誌』より作成）

明治44年

マツモト！（中略）われわれは人力車を駆《か》り、おびただしい数の民衆たちが雑踏する長い街路を抜け、ホテルに直行した。（中略）家庭にはなんらかの入浴施設が備わっているし、比較的大きな村などでは公衆浴場がかならずあるからだ。（中略）その日（7月20日）のうちに、約二十一キロ離れた島々の村に着いておきたかったので、ボーイに命じ、午後のためにバシャを予約させた。バシャというのは、やせ馬に引かれた四〜六人乗りの小型の車のことで、比較的大きな土地でしか雇うことができない。乗り心地はといえば、あまり快適であるとはいえない。ふつう、バシャの乗車賃はたいてい、べらぼうに安い。（中略）バシャは、約束の午後二時三十分きっかりにホテルのまえに停まり、かろやかな走行ぶりで、一路、山脈をめざし、まず犀川流域の広闊な平野を走り抜けた。稲田にまじって桑畑もあった。（中略）魅力的な集落、島々に到着した。（中略）梓川の泡立つ急流から釣り上げられたばかりのりっぱなイワナに舌鼓を打った。そうしているあいだに、いつも満面笑みを絶やさないネエサンが山ほどもあるフトンを引きずるようにして運んできて、このうえなく気持ちのよい寝床をつくってくれた。親し気なオヤスミナサイという言葉をかけられて眠りについたのは、九時であった。部屋の四隅に固定された、ほぼ部屋と同じ大きさの蚊帳が、安眠を保証してくれた。

ここで、重要な問題性をはらんだ文化史的疑問をさしはさみたい。日本では、とてつもない辺鄙な片田舎のどのような木賃宿でも、安眠の恩恵を保証してくれる優秀な蚊帳がある。ところが、全ヨーロッパ文化の要であるドイツには（つまりヨーロッパには）このような蚊帳がないのは、いったいどうしたわけか。わたしがむかし軍事演習で行った村々では、一晩じゅう蚊に吸いまくられ、眠るどころか、夜明けまで血みどろの闘いを強いられたことがよくあった――ところが、どこを見まわしても蚊帳の影さえ見当たらなかった。その理由は、歴史的、文化的、倫理的、技術的民族性に根ざすものだろうか。

（シュタイニッツアーは北アルプスの登山を経て大町・小谷を経て鬼無里に来た）

道は、極端にうねうねと曲がって流れる谷川沿いに急角度で下降し、とうとう、麻畑や稲田に囲まれた村落が姿を見せるところまで来た。（中略）とうとう、またも次の丘陵上に達し、それからわたしは案内の人夫のあとにしたがい、手の幅ほどの細道をたどり、稲田や、強い匂いを発する麻畑〔当時、鬼無里ではアソウバタケと呼んでいた〕のあいだを抜けて行った。（『日本山岳紀行』より）

シュタイニッツアーは松本を訪れると、人力車に乗ってホテルに向かっています。比較的大きな町には、公衆浴場があること、馬車を利用することが可能なことを指摘しています。明治期の終わりには馬車の乗車賃が安く、利用しやすかったことが書かれています。松本を発ったシュタイニッツアーは島々（松本市）の宿に入りました。

小谷村から鬼無里（長野市）へ移動していったシュタイニッツアーは、稲田とともに強い臭いを発する麻畑の脇を通っています。信州の山村では水田、桑園とともに麻畑が広がっていたことがわかります。ウェストンの紀行文にも麻畑の記載があります。当時、信州で栽培していた麻の多くは大麻でした。蚊帳やロープ、着物の原料として幅広く栽培され、貴重な現金収入として利用されていたのです。

片田舎の木賃宿でも蚊帳が普及し、安眠を保証してくれているとの指摘があります。歴史書には生活の快適さといった面までは記載されないことが多いと思いますが、外国人であるシュタイニッツアーは蚊帳の存在を大きく評価しています。

豊かである、というのは、経済的に潤っているということではなく、快適な生活を送れることだと、シュタイニッツアーは言っているのではないでしょうか。

失われたものは帰ってこない

鳥取県生まれの田淵行男（1905〜1989）は戦禍の東京を離れ、昭和20（1945）年、家族とともに南安曇郡西穂高村牧（安曇野市穂高牧）に疎開しました。田淵は北アルプスや北海道大雪山などの山々に登り、山岳写真を撮るだけではなく、高山蝶など昆虫の観察もしました。また、安曇野の各地の山村を訪れ、晩年『安曇野』『安曇野挽歌』という写真集を出版しています。

牧の部落は常念から流れくだる烏川が左岸に造りあげた扇状地の上に数十戸の農家が散開して静かなたたずまいを見せていた。扇状地の上半分に桑を植え、下半分に水田をしつらえ、また山仕事に頼って素朴で豊かな明け暮れが息づいていた。

この地に住みついて私共が先ず目をみはったのは野草の美しさであった。そして桑畑の美しさであった。落葉松林の静けさであり雑木林の豊かさであり、ススキ原の広さであった。自然の豊かさには際限がなかった。中でも蝶の豊富さは、私を驚喜させた。寓居《ぐうきょ》を一歩踏み出すとそこから蝶の道が始まった。（中略）

田淵行男が撮った昭和 45 年の安曇野（北安曇郡白馬村）。左側の道は旧糸魚川街道で、石仏はすべて馬頭観音（田淵行男記念館蔵）

平成 30 年に上の写真と同じ場所で撮影した白馬村。田淵が撮影のためカメラの三脚を立てた場所を国道 148 号が通り、石仏も移された。安曇野の景観が大きく変貌したのがわかる

だが私共が安曇野の片隅、牧村で豊かな自然に囲まれて生活出来たのも戦後10年程の間に過ぎなかった。戦時中の傷跡もどうやら癒え、とりわけ急速な経済復興に支えられる世の中はめまぐるしく変わっていったからである。怒涛のようなすさまじい開発攻勢の前に、安曇野の人の世も自然もみるみる変貌し始め、静かな山村は激しく姿を変えていった。（中略）蝶のことばかり並べてきたが、その他の昆虫の分野は無論のこと、鳥や獣、魚、そしてさらに植物の世界にもこうした悲しむべき経過はそのまま当てはまることであった。その中で真に決定的な打撃となった出来事は農薬の空中散布であった。安曇野の豊かな自然がこの日を境として止まるところのない破壊と荒廃への口火を切った出来事として忘れることはないであろう。安曇野の自然は30年の間に数数の美しいもの、貴いもの、珍しいものを失った。いろいろな出来事によって、そしてそれなりの理由はあったであろうが、それによって失われたものは再び帰ってはこない。（『安曇野』より）

戦後、穂高の牧（安曇野市穂高牧）に居を構えた田淵は、自然の宝庫だった安曇野で、多種多様な蝶の生態の観察を楽しみました。しかし、１９５０年代の高度成長期を迎えると、野道が舗装され、水田にトラクターなどの農業機械を入れるために耕地整理が行われ、かつての自然環境は大きく変わりました。さらに、昭和35年には、ヘリコプターによる農薬散布によって、アシナガバチをはじめとする昆虫がいなくなってしまったことに憤りを述べています。

現在では、有人ヘリによる空中散布はなくなりました。必要な場所に必要な量だけを散布する無線ヘリコプターが導入され、環境の保全に向けて大きく舵が切られました。しかし、一方で農業に携わる人の高齢化と減少により、荒れ地化していく水田が増えています。山村で多様な生き物たちが共生できる自然環境や田園風景を維持し、豊かな暮らしを続けるためにはどのようなことが必要でしょうか。

江戸時代から現代にかけて、信州に暮らしてきた人びとは、水田に加えて養蚕業や麻の栽培によって暮らしを支えてきました。蚊帳を導入して衛生環境を改善し、明治期には人力車、馬車や鉄道を利用し、移動の自由も手に入れていました。

今の世代の要求を満たすような開発を行いつつ、自然環境をこれ以上悪化させることなく、将来の世代にとって必要なものを失うこともない、いわゆる「持続可能な」社会を確立させない限り、人類が豊かで快適な生活を続けることは難しいはずです。2019年は田淵没後30年です。田淵が書いている「失われたものは再び帰ってはこない」というメッセージをどのようにとらえたらよいか、じっくり考えたいものです。（小野　和英）

近くて遠い人と水

水の制御VSカミへの祈り

信州で弥生時代に本格的な農耕社会が成立（約2000年前）して以後、人びとは水を制する技術の開発に血眼《ちまなこ》になってきました。しかし、完璧に制御できた例《ためし》はありません。そんな時、人びとはどうしたのでしょうか。それは水と対話を図ることでした。

水と対話するには、人や動物に似せた「カミ（精霊）」を、水そのものや人と水の仲介役に抜擢する必要がありました。その方が意思の疎通をしやすいと考えたのでしょう。ここでいうカミとは、体系的な宗教の教義が確立する前から信じられてきた、土着の信仰対象を指します。たとえば、日照り続きで困っていた時、突然の雷雨が襲ったとしましょう。こうした現象を科学的に説明できなかった時代、人びとは天や水のカミへのお願いが通じたと考えて納得し、心労から解放されたのです。今では迷信の一言で片付けられるかも知れません。しかし、不可解なモノやコトを擬人化（あるいは動物化）したカミの仕業にすることで、親近感や安心感が生まれたと考えられます。また、カミを怒らせてはいけない＝カミの住む自然を一方的に壊してはいけない、という感覚も身についたと思われます。

こうした水に対する心のあり方はいつごろ芽生え、どう変貌してきたのでしょうか。社会学者の鳥越皓之が言う次の４つの視点を借りて、人と水の関係を概観してみましょう。

①距離を置く（水域は危険と背中合わせなので、必要な時以外は近づかないなど）
②技術を使う（井戸や堤防など、技術で水を制する）
③交渉する（お供えをしてお願いする代わりに、水のカミに助けてもらう。交渉不成立の場合は、聖物を壊すことも）
④我慢する（うまくいくとは限らないので、人びとの助け合いなどでしのぐ）

ここでは主に、②技術を使う、③交渉する、を対比しながらみていきます。

大型動物を追って遊動していた旧石器時代（約1万6000年以前）、人が水辺に近寄るのは喉《のど》を潤すか、獲物を狩る時ぐらいでした。水から距離を置いていれば水害に遭うこ

カエルのような装飾が付く有孔鍔付土器（宮田村教育委員会蔵）

とはありません。
　縄文時代に入って温暖化が進むと、信州の大半はしだいに落葉広葉樹林に覆われていきました。縄文人は食料となるドングリなどを確保するため、定住するようになります。住居を建てるなら、飲料水となる湧水や川の近くが最適です。やがて人口が増え、限られた地域内で効率よく食料を得る必要が出てくると、川には簗《やな》などの漁労施設を設置し、水辺にはトチのアク抜き施設やドングリ用の貯蔵穴（水漬け）を造るなど、水を使う技術が開発されました。
　水辺との距離が近くなったことで、縄文時代の中ごろ（約5000年前）には、カエルやヘビといった水辺の生き物をモデルにしたカミ（精霊）が土器に描かれるようになりました。中越《なかこし》遺跡（上伊那郡宮田村）から出土した有孔鍔付《ゆうこうつばつき》土器には、カエルのような模様が描かれています。人が生きる陸域と人が暮らせない水域（異界）といったふたつの世界を行き来する特殊能力を持つ動物が、水と人を仲介するカミのモデルに選ばれたのです。こうして、水との交渉（祈り）が顕在化し始めました。

弥生時代中期後半（約2000年前）に信州で水田稲作が本格化すると、人と水との関係が大きく変わりました。稲作が主要な生業になったことで、水の確保と制御が人びとの生命線を握ることになったのです。井戸を掘って水を湧き出させ、水路で必要な場所に水を導き、池に水を溜め、堤《つつみ》で洪水を防ぐなどの技術が導入されました。しかし、まだまだ技術レベルが低かったため、渇水や洪水との闘いが繰り返されました。

技術力だけでは不安を解消できなかった

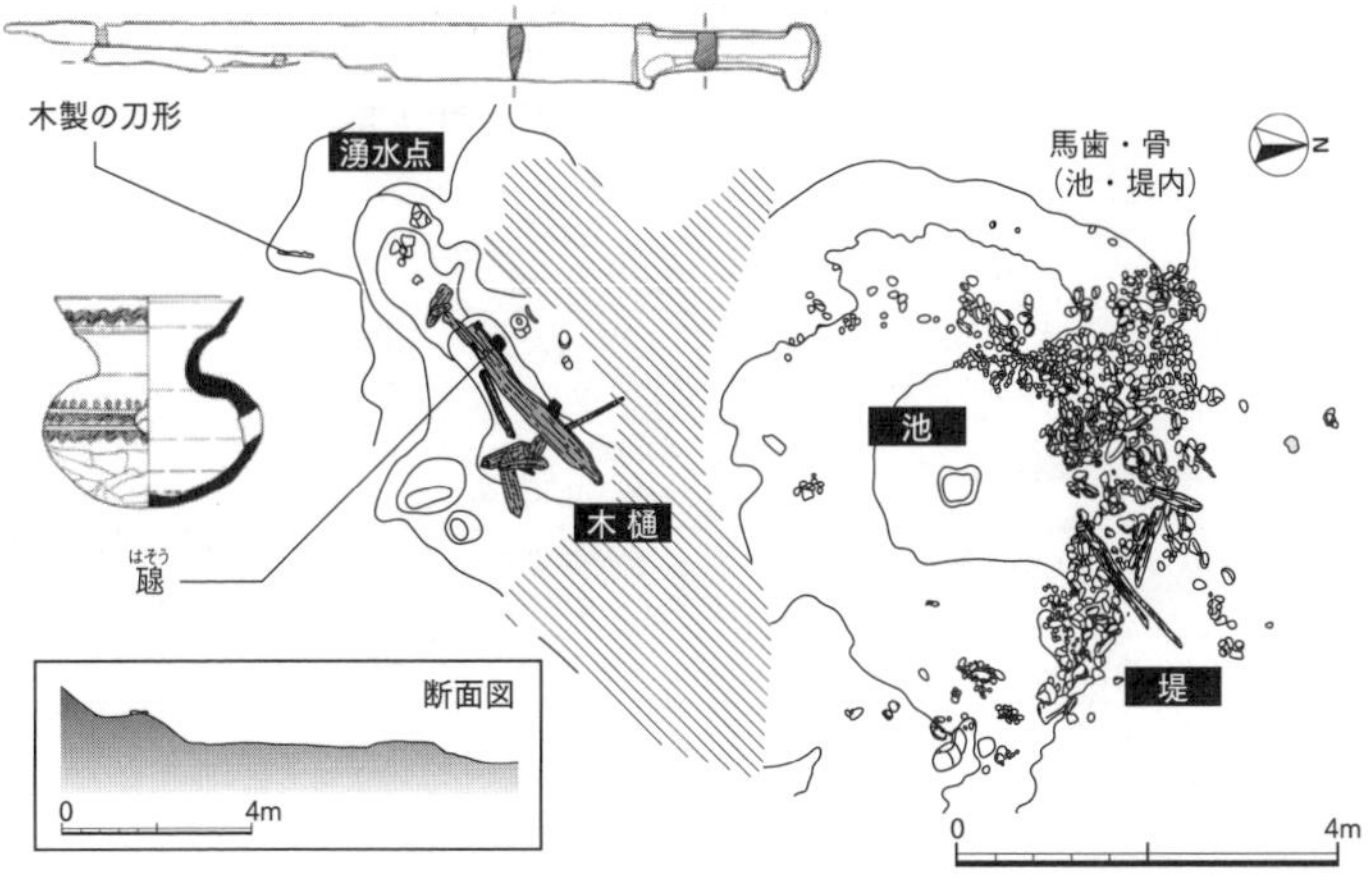

屋代遺跡群の水辺の祭祀場と出土遺物（刀形・𤭯は縮尺不同）

時代、盛んに行われたのがカミとの交渉です。その方法は、供物や犠牲を捧げて祈り、お願いする代わりに雨を降らせ、洪水を鎮めてもらうというものでした。たとえば、古墳時代中ごろ（約1500年前）から始まる千曲市屋代遺跡群の水辺の祭祀場では、当時の最高級品である子持勾玉《こもちまがたま》が使われ、貴重な馬がカミに捧げられたようです。また、最先端技術である木樋《もくひ》を用いた導水路や、池堤を再現した施設が祭り用に造られました。降雨や湧水、止雨や洪水を司るカミとの交渉が成就するためには、最も大切なモノを捧げ、最先端の施設でカミをもてなす必要があったと考えられます。

　ところが、古墳時代にあたる『日本書紀』11巻仁徳天皇の条には、技術優先かカミの意思優先か、といったせめぎ合いが始まっていたことも記されています。茨田堤《まんだのつつみ》（淀川の堤防）建設に伴う難工事区において、1カ所では武蔵《むさし》人強頸《こわくび》が人柱《ひとばしら》となって、河伯《かわのかみ》に命を捧

古代 （飛鳥～平安）	中世 （鎌倉～室町）	近世 （安土桃山・江戸）	近代・現代 （明治～）
都市の成立→拡大 居住地・階層・生業によって距離感が異なる			水道整備 実質的に近く、精神的に遠い
制御技術の発展・適応範囲の拡大		大河川まで制御へ、未開地に用水路拡大	制御技術の進歩、ダム・堤防・水道ほか
土着のカミから、神・仏、龍神へ祈る方向に変化		河童等が助けの代償を求める取引相手へ	水害や水不足への切実感薄れ、水辺の観光化・娯楽化
水の需要増大→我慢必要			我慢少なくなる
仏教が広まり、神や仏の序列化開始 龍神、蛇神、水神、水の精	妖物に変化 河童の初出	妖怪 河童の全盛期	弁天様・龍神・水神・河童らの存在感薄まる

げます。ところがもう１カ所では、茨田連衫子《まんだのむらじころものこ》が策を弄《ろう》して人柱を拒否、自らの技術力で堤防を築き上げます。衫子の策とは「ホンモノのカミならばこのヒョウタンを沈めてみせよ」と川に空のヒョウタンを投げ込み、水中に沈まなかった（カミが沈められなかった）のを見て、人柱というナンセンスな風習を否定したことでした。ちなみにヒョウタンは水に反して浮き、水を汲み上げる柄杓《ひしゃく》にもなり、水を納める容器に使われたことから、水を制するモノの象徴と考えられます。

この物語ではいずれの堤も完成しますが、その過程で、最も大切な命を捧げてカミと交渉する前者から技術で水を制する後者へと、水への対処方法が変化し始めたことがうかがえます。その後、水の制御技術が向上するたびに、土着のカミは軽んじられるようになっていきました。

戦国～江戸時代（４００～５００年前）には、制御

<table>
<tr><th>時代
視点</th><th>旧石器</th><th>縄　文</th><th colspan="2">弥生・古墳</th></tr>
<tr><td>1　距離をおく</td><td>遊動
必要時だけ水辺へ</td><td>定住
水辺近くに定着する</td><td colspan="2">水田稲作
水が生命線で接触増す</td></tr>
<tr><td>2　技術を使う</td><td>？</td><td>漁労施設（水域）
アク抜き施設・貯蔵穴（水辺）</td><td colspan="2">制御技術の導入
井戸・水路・池・堤</td></tr>
<tr><td>3　交渉する</td><td>？</td><td>精霊に祈る</td><td colspan="2">供物や人柱を捧げて、カミに安定供給を願う</td></tr>
<tr><td>4　我慢する</td><td>意識弱？</td><td>多少あり</td><td colspan="2"></td></tr>
<tr><td>水のカミの変化</td><td>？</td><td>土器にヘビ・カエルに似た文様・造形</td><td>土器絵画に龍登場</td><td>記紀にミズハノメノカミ、河伯、ミズチ、夜刀神ほか</td></tr>
</table>

水と人の関わり方

技術が天竜川や千曲川などの大河川にも適用されるようになりました。また、佐久市の五郎兵衛用水のような長大な水路や、上田市塩田平の溜め池群などが造られて水不足が解消されるようになりました。それでも、新開地では洪水や渇水を避けることができず、上田市別所温泉で継承されている「岳《たけ》の幟《のぼり》」のように、龍神や水神と交渉するための大がかりな祭りが重視されていました。一方、人にとって危険がなくなった身近な水辺では、そこに棲むカミのありがたみが薄れていき、人に悪さをし、教訓を与える程度でしか存在感を示せない妖怪（河童など）へと立場が変わっていきました。

近代（約150年前）に入り工業化が進むと、川は用排水路と化しました。水を制する人びとの自信が膨らんだことで、水神や河童の物語に託されていた水の怖さや親近感も、迷信として一蹴されるようになりました。蛇口をひねれば苦も無く水が出る現代では、我慢の必要もなくなり、水への感謝の気持ちはさらに薄らいでしまいました。物質的な水と人の距離は近くなったのにもかかわらず、精神的な距離は遠くなってしまったのです。

水に対するふたつの願い

信州には湧水や清流、滝などが各地にあり、至る所で澄んだ水と出会うことができます。

また、美しい水辺景観が多くあり、湖水に映る山並みや棚田の月影までが愛でられています。さらには、春の霞、夏の沸き立つ雲や夕立、紅葉を濡らす朝露、大地を覆う雪などが水や大気の循環を実感させてくれます。

　私たちがこうした水や水辺の景観を美しいと感じ、誇りとする背景には、人は水なしでは生きられないという事実があります。喉を潤すならば、透明度が高く、有害物質を含まず、ミネラル分の豊富な水がベストです。当然ながら、未来への願いは「美しい水の循環が途切れない」ことです。その反面、水は災いの元でもあります。人は溺れたわずかな間に命を落としてしまう弱

上高地の河童橋（松本市）。定評を得た自然景観を保つことと生活資源（砂防、電力供給など）確保との両立には多大な努力が必要になる

い存在です。豪雨や豪雪による大量の水は、土石流や洪水、雪崩となり、私たちが幾世代にもわたって積み上げて来た営みを押し流し、覆いつくし、跡形もなくしてしまうかもしれません。逆に、渇水も凶作の要因となります。願いのふたつめは、「水は適量で穏やかであってほしい」ということです。

このふたつの願いに異論はないでしょう。しかし、これらを同時にかなえることは意外と簡単ではありません。良質な水を守るには自然に手をつけないことが一番ですし、水が私たちの生活や生業《なりわい》の場を通る際に汚さないことです。ところが、人が繁栄を求めて水を制御して生産性を高めようとすると、自然は改変され、汚れも増してしまいます。人口が少なく土地に縛られることのなかった時代ならば、多少のことは自然が浄化してくれましたし、雨が続けば川や崖際から離れるだけで災害の心配は減りました。しかし、もはやそんな時代に戻ることはできません。

では、これから私たちは、どのように水と関わればよいのでしょうか。人が自然を大きく変える力を獲得した現代でも、ふたつの願いを同時にかなえられないのであれば、水に対する心の持ち方を見直し、共生を図ることが重要だと思われます。水に接する際の何気ない心の持ち方を重視してみても、水を守ることも生かすこともできないと叱られるかもしれません。しかし、ちょっとした感謝の気持ちや気遣いが加わるだけで、微妙なレベルでの使用量削減や水質保全に差が出てきます。水は全ての人が、必ず毎日使うので、この微妙な差の蓄積が美しい水の維持につながるのです。

水害との向き合い方でも、心の持ちようが日々の暮らし方に影響を与えます。1000年に一度の大洪水に備え、川の存在すら忘れてしまうほど巨大な堤防を建設すればよいのでしょうか。それとも、歴史的景観を残し、刻々と表情を変える水面から洪水の兆候を察知し、周到な避難計画と助け合いで水害をしのぐと決めておくべきでしょうか。後者の場合は我慢も必要です。それでも、力で自然にふたをし続けるよりは、心豊かな生活を送れるのではないでしょうか。

今も残る弁天清水（小諸市）。大事な湧水を多くの神仏が見守っている

近年、疎遠となった水との関係を取り戻すため、親水公園を作り、水質浄化の努力が続けられています。しかし、淵や早瀬の怖さを排除した制水の論理の中に留まっており、水や水に棲むものたちとの関係改善には至っていないように感じられます。また、龍神や水神の祭りは地域経済活性化の催しものとなり、カミとの切実な交渉の場ではなくなってきています。このようなイベントを通じて、水の大切さがアピールされてもいますが、持続的に人びとの心に留めておいてもらうためにはどうしたらよいかが課題といえましょう。

人と水の関わり方の歴史を振り返ると、制御技術の向上と反比例するように、人と水との精神的なつながりは薄れてきたことがわかります。技術が発達したにも関わらず、水は枯渇し、暴れ、あるいは汚染されているのが現実です。一度立ち止まってみて、技術一辺倒ではない、水との接し方を考え直す必要があると思われます。

先端技術を操る意識

科学技術の発達によって、温暖化も放射能汚染水もそのうちどうにかできると、楽観的に考える人もいるでしょう。問題なのは叡智や資金を結集しないからで、今さら水への信仰などを持ち出してどうするのだと笑われるかもしれません。

確かに「水に流せば浄化される」とか、「水や空の彼方にあるカミの世界（異界）へ丁重に送れば、よい形で戻って来る」といった考え方は、科学的には破綻しています。しかし、破綻の要因は、朽ちることのないモノ（無害化しにくい物質）を水に流し、燃やすようになったからです。そうでなければ、十分成り立っていたはずです。

循環の信仰を否定する一方、科学は水や大気循環、食物連鎖、豊かな森と豊かな海の相関関係を解明してきました。この先、先端技術によって、「汚染物質を無害化し、自然に廃棄し、別の形で再利用する」こと

かなんばれ（家難祓）は、人形を災いや穢れなどの身代わりにして祓い流す行事。南佐久郡北相木村では今も３月３日に行われる（北相木村教育委員会提供）

を推し進めることになるでしょう。しかし、「無害化して廃棄」と冷徹に言われても長続きしないような気がします。人は頭でわかっていても、経費削減の優先や目先の便利さ、手抜きの気楽さの誘惑に負けてしまうからです。

それならば、根拠はあくまで科学的に、表現だけ「利用させていただいたモノを、丁重にカミの世界へ送り、戻ってきてもらう」に差し替えてみたらどうでしょうか。現代の科学的な論理とカミとの交渉を優先していた古代人の考えも、大きな差はないように感じられます。「無害化して廃棄」を「丁重に送る」と心を込めた表現にし、とらえどころのない自然をカミに擬人（あるいは動物）化することで親しみを持たせると、水やモノの扱い方に変化が生じるかもしれません。こんなささやかな知恵でも、水への接し方を変えるひとつの方法になると思われます。信州には水に接する際の信仰や、川に丁重に送る行事が残っています。こうした水との対話のあり方を、もう一度見直したいものです。

さあ、水辺で姿勢を低くして、水面《みなも》に視線を注いでみましょう。高い堤防上から遠目に見るのとは違う水の表情に気づくかもしれません。水の匂いや水面をわたる風も感じてみましょう。親しみと同時に、雑に扱ってはいけないという気持ちが湧いてくるでしょう。もしかすると、川霧の彼方で水中からお皿を上げた河童と目が合うかもしれません。

（寺内　隆夫）

河童のつぶやき

河童と人の関係

ボクは信州の水辺に暮らす河童です。今どき河童なんて誰も信じていないですって？いえいえ、小さな子どもからお年寄りまで、日本人なら誰でもボクの姿を想像できるでしょう。アニメや企業のキャラクターとしても人気があって、上高地の河童橋周辺の土産物店では、仲間たちがかわいいグッズになり、ところ狭しと並んでいるじゃありませんか。

これほど多くの人びとに親しまれている理由は、河童と水との関係にヒミツがあるんです。みなさんのような人間が、陸から川や池などの水を眺めるとその入り口である水辺が必ず目に入ります。その水辺に姿を現すのがボクたち河童なのです。つまり、人が水をどう見るかが河童の姿に現れます。少し大げさかも知れませんが、人と水との関係を象徴しているのが河童なのです。人にとって水は災害など命や財産を奪う存在でもありますが、生きていくためにはなくてはならないものです。この結びつきの強さが、河童が広く親しまれていることにつながっているんだと思います。

人と水との関係は人類誕生までさかのぼりますが、河童が姿を現すのはずっと後世です。水への畏れが強かった中世以前には、水を異界と考えていました。そこに生息する正体不明の生き物（たぶんボクたち）は、人間界とは別の世界にいるわけですから、姿を見ることはできなかったのです。しかし、知識や技術の進歩とともに、水を利用したり制御したりすることが可能になってくると、水が異界であるという認識が薄らいでいきます。水が異界ではなくなってくると、そこに生息しているボクたちの姿も見えるようになったのだと思います。最初に「河童」という言葉が使われたのは室町時代の辞書の『下学集《かがくしゅう》』と言われているようですが、本格的に活躍し始めるのは江戸時代に入ってからです。

ボクたち河童を世の中に紹介してくれたのは、本草《ほんぞう》学者でした。本草学とは、もともと中国で生まれた医薬に関する学問でしたが、日本に伝わると、対象を広げ、博物学として発達していったそうです。本草学者は、百科事典を作成するなかで、それまで各地に伝わっていた伝承をもとに、河童を実在する生き物として追究していきました。

そこには、現代の河童のイメージにつながる特徴も記されています。正徳２（１７１２）年成立の『和漢三才図会』には、ボクたちは「川太郎」として登場し、西国や九州の谷間、池、川に多く生息し、10歳くらいの子どものようで人の言葉を話し、相撲が好きな生き物だと紹介されています。姿を描いた絵をみると、全身が毛に覆われている点は現代のイメージとは異なりますが、頭に皿があり、手足に水かきがあるなど現代につながるイメージも多く見られます。

実在する生き物として河童が紹介されていくなかで、各地でボクたちが目撃されたり、捕まったとする文献や絵などの記録が残されたりするようになります。もしかしたら、ボクのご先祖様も見られていたのかも知れません。そうした記録が出版物として広く行き渡るようになると、頭に皿、背と腹には甲羅があり、手足には水かきがあるという現代と共通する河童のイメージが成立していきます。

『和漢三才図会』に描かれた川太郎。頭に皿があり、手足に水かきがある（長野県立歴史館蔵）

さらに、江戸時代の終わりから明治の初めまで盛んに制作された錦絵にも描かれます。錦絵に描かれた河童は、それまでの実在する生き物として恐ろしい顔つきであったものから、ユーモラスな表情や行動をしていたり、人よりも弱い立場で描かれたりしています。これは、水を利用・制御する技術がさらに進み、水と人の立場が変化したことを表しているのでしょう。

月岡芳年の筆による「和漢百物語　白藤源太」。江戸時代の錦絵では河童が人より弱い立場に描かれている（国立歴史民俗博物館蔵）

　このように、江戸時代に入ってから河童が人びとの間に広まり、その中心となったのは江戸でした。当時すでに世界有数の大都市であった江戸は、水道が整備され、大規模な治水事業も行われていました。かつて水を畏れ、異界としていた意識は薄れ、水は制御可能なものであるという認識が広まっていたことでしょう。このような認識のなかでボクたちの姿も変化していったのです。

信州の河童たち

信州には多くの山々が連なっており、その山と山の間の谷には水が流れています。その数え切れないほどの小河川がまとまって大河となり、海へと流れていくのです。清冽で豊かな水が流れる信州の人びとは、水と深く関わりながら生活をしてきました。そこに、江戸から河童の情報がもたらされると、水と人との関係にボクたち河童が入り込んでいきます。「河童に引きずり込まれるから川（淵）に近づくな」という伝承が各地に残っていますが、これは「川（淵）が危険である」という人と水との関係に、河童が入り込んできた典型的な例だと思います。

文政12（1829）年に出された『信濃奇談』には、信州の最も古い河童の記録が残ります。

天正（1573〜1592）のころ、羽場村（上伊那郡辰野町）に柴河内という人が住んでいました。ある時、馬を天竜川の辺に放しておくと、河童というものが、この馬を捕ろうと手綱を引こうとしました。が、思い通りにいかず、馬はあちこちに逃げてしまいます。河童は手綱を自分の腰に巻き付けて、馬を川に引き入れようとしましたが、馬は抵抗をします。河童は手綱をどんどん自分の体に巻き付けて、あらん限りの力で引っ張ります。そうするうちに日が暮れてしまいました。ついに、馬は走り出して、自分の家にたどり着きました。河童は縄を幾重にも体に巻き付けていたので、何の抵抗もできずに引かれてきてしまいました。これを見た人たちは、「これはめずらしいことだ」と走り寄って集まり、河童を馬屋の柱にくくりつけました。これを見たある情け深い人が「殺してしまうのはさすがにかわいそうだ」と逃がしてあげました。その後、河童はその恩に報いるために、川魚などをとって、戸口に置くことが度々あったそうです。

また、駒ヶ根市の東伊那地区には、次のような伝承が残っています。

昔、太田切川と天竜川の合流地点に河童が住むと言われる淵がありました。寛政元（1789）年の秋の長雨で、天竜川が氾濫し、川筋が西に移ったため、この淵がすっかり枯れてしまいました。河童は食糧の魚も捕ることができず、困り果てていました。そこへ、高遠藩の川奉行である中村新六が見回りのため、馬に乗って通りかかりました。河童は馬のシリコダマ（肛門の奥にあるといわれる架空の臓器）が大好物です。たまらず馬に飛びつき水に引き込もうとしましたが、驚いた馬が走り出しました。馬のしっぽの毛に絡まってしまった河童は、必死で抵抗しましたが、馬の力にはかなわず、新六の屋敷の馬小屋まで連れてこられてしまいました。捕らえられた河童は「二度とこのような悪戯はしません。お詫びに痛風の薬の作り方をお教えします」と必死に訴えました。河童をかわいそうに思った新六は、河童を許してあげました。河童は屋敷の裏にある池で暮らしながら、約束通り痛風薬の作り方を教えたそうです。この伝承が伝わる中村家では、戦前まで痛風薬「加減湯《かげんとう》」の製造・販売を行っていたそうです。

信州にはボクたちの伝承がたくさん伝わってきました。その多くは、河童が馬や人を襲おうとして失敗し、許してもらう代わりに魚を届けたり、薬の作り方を教えたりするというものです。悪戯を働こうとして

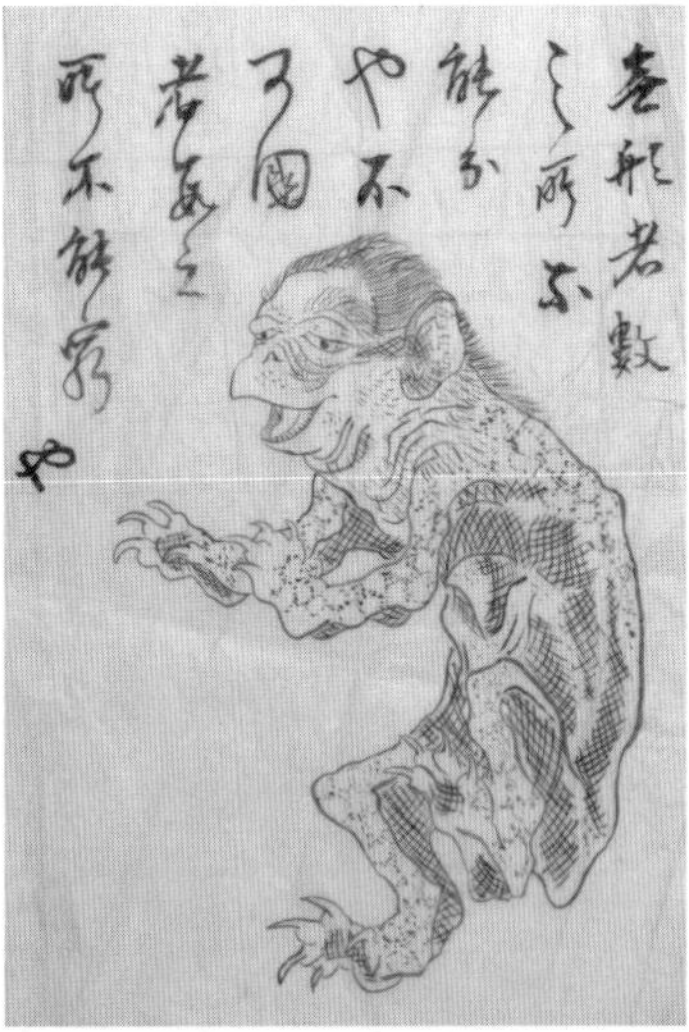

痛風薬「加減湯」の内包紙下書（天竜かっぱ広場おもしろかっぱ館蔵）

も、失敗してしまうところが憎めないところですね。これは、水は災害など人の命や財産を奪う恐ろしい面がある一方で、食糧や水運など恩恵を授けてくれる面もあるという人と水との関係を表しているのではないでしょうか。江戸とは違い、信州ではこのような関係がしばらく前まで続いてきていたのです。

住処《すみか》を追われた河童

ボクたち河童が暮らす信州の水辺が変化し始めるのは、明治時代に入ってからです。このころになると、信州でも欧米の進んだ技術を導入し、さまざまな治水対策が施されるようになりました。上水内郡小川村の薬師沢石張水路工《やくしざわいしばりすいろこう》は、明治19（1886）年に着工され、地域の人びとの手によって工事が行われました。堰堤によって流路の勾配を緩やかにし、周辺の集落や農地を守るもので、現在は登録有形文化財となっています。松本市南東部の牛伏川では、明治18年から砂防工事が行われ、大正5（1916）年から大正7年にかけて完成したフランス式階段工は、国重要文化財に指定されています。

信州の急峻な地形を利用した電源開発も進みました。木曽川では大正時代、実業家福沢桃介が中心となり、須原発電所、桃山発電所など多くの発電所を建設しました。当時の建

牛伏川のフランス式階段工（国重要文化財、松本市）

物がいまも現役として使われているものもあります。梓川では、北アルプスからの豊富な水量を利用して、大正14年の大白川発電所と奈川渡発電所を皮切りに、昭和初期までに8カ所の発電所が建設されました。

清冽で豊かな水が流れる信州の風景を一変させたのは、戦中から各地の河川に続々と登場したダムです。軍需産業や戦後の高度経済成長を支えるための電力を賄うために建設されました。薬作りがうまかったボクの仲間が暮らしていた駒ヶ根市の天竜川には、昭和2（1927）年に大久保ダムが完成し、その後、戦後にかけて南向ダム、泰阜ダム、平岡ダム、佐久間ダムと下流に向けて巨大なコンクリートダムが次々と完成していきました。

松本市から長野市まで蛇行を繰り返して流れる犀川沿いにも、多くの河童の伝承が残されていますが、昭和18年の水内ダム完成の後、笹平ダム、小田切ダム、平ダム、生坂ダムとわずかな区間に5つものコンクリートダムが出来ました。同じ時期には災害対策として河川改修が進められ、コンクリートで覆われた護岸も増えてきました。

人間が安心して豊かな生活を送ることは悪いことではありませんが、ボクが大好きだった信州の水辺は大きく変わってしまいました。でも、一番悲しいのは、ボクたちの生活の場が失われたことではなく、人間の心が水から離れてしまったことです。かつて水辺は生活の場のひとつでした。だからこそ恐ろしい面や恩恵を授けてくれる面の両面があったのです。今はどうでしょう？　河川などの水を意識しながら生活している人がどれだけいるのでしょうか。

河童の願い

ボクには悩みがあります。ボクはこのままでいいのでしょうか。

人と水との関係を象徴しているのが河童です。人間の心が水から離れてしまって、ボクたち河童は途方に暮れています。昔の楽しかった時代を知っている仲間たちはつぎつぎに姿を消していきました。

残った仲間とこれからの河童について議論を重ね、ついにひとつの決断をしました。それは水から離れることです。苦渋の決断でしたが、人間の心が水から離れた以上、仕方がないことかもしれません。そして水から離れたボクたちが行き着いたのが人間界です。

人間界で生きていこうとしたボクたちの道を切り開いてくれた先輩河童たちがいます。小説家芥川龍之介さんが昭和2（1927）年に発表した小説『河童』に出てくる河童たちは、すっかり水から離れ、人間と同じような生活を送り、同じように悩みをもつ存在でした。ちなみに、この話に出てくる「河童の国」の入り口は上高地の河童橋の近くにあります。また、昭和36年に連載が始まったマンガ家水木しげるさんの『河童の三平』では、人間の子どもとして生きる河童が登場します。このマンガの舞台も信州です。千曲市出身の日本画家倉島丹浪さんの描いた河童は、人間味あふれる温かみのある姿をしています。

現在、ボクの仲間たちは、アニメや企業のキャラクターとしてさまざまな場面で活躍しています。なかには「ゆるキャラ」となって、地域おこしに協力している者までいます。平成26（2014）年から駒ヶ根市のPRキャラクターになっている「こまかっぱ」は、信州の河童たちのなかではヒーロー的存在です。このように仲間たちが人間界で活躍する姿を見るのはとってもうれしいことです。でも、本当にこのままでいいのでしょうか。

ボクたちは河童です。河童とは「川（河）にいる子ども（童）」という意味です。やっぱり水辺に戻りたいんです。そのためには、もう一度、皆さん人間に水に目を向けてほしいのです。

信州には美しい水辺がまだまだたくさん残っています。コンクリートダムの下の細い水の流れにも小さな魚がたくさん泳いでいます。三面張りの水路の脇にも春になると小さな花がきれいに咲いています。もっともっと身近な水辺に目を向けてみてください。そうすれば美しい水辺に出会えるはずです。ボクたち河童はそんな日が来ることを願っています。

倉島丹浪が描いた「河童之図」。河童が人と同じ生活を送り、温かみのある表情をしている（個人蔵）

（溝口　俊一）

森は待っている

荒れる山

長野県外から信州に来た人は「信州は自然豊かで、山や森の景観が美しい」と言います。住んでいる人々もそう理解していると思います。長野県のどこにいても山が見えますし、住んでいる場所のすぐ近くにも山や森があるはずです。しかし、そうした周囲の山に入ったことがありますか。遠くから見た山は、時代を経ても変わりがありません。が、一歩山に足を踏み入れてみると、樹種や植物のあり方が大きく変わっていることに驚かされます。

長野県では、都市部に鹿や猪、熊、猿などが出てきて、度々ニュースになります。山間部では、動物や鳥によって水田や畑の作物が大きな被害を受けています。そうしたなか、山と里の間に電気柵などを設けて、動物が自由に人の世界に下りてこられないようにしているところもあります。私が住んでいる松本市大村の山に入って驚いたのは、かつて多くの草や幼木が生えていたところが鹿などによって食い尽くされ、砂漠のようになっていたことです。

山は獣の世界、人が生活するのは里や都市部だと線引きをしても、それは人間の論理であって、獣には通用しません。鳥獣はどんどん〝人の世界〟に進出し、人間自らが柵を設置して入りにくくなった山は荒れています。

長野県では平成28（２０１６）年に全国植樹祭が催されました。植樹祭は国土緑化運動の中心的な行事として、国民の森林に対する愛情を培うことを目的にしています。県民挙げて植樹がなされたわけです。

動物の侵入を防ぐための電気柵（松本市）

第1回は「荒れた国土に緑の晴れ着を」をテーマに、昭和25（1950）年に山梨県で開催されました。このテーマからもわかるように、植樹祭は敗戦に至るまでの過程で荒れ果てた山に木を植えて、将来必要となる木材需要にも対応しようとしたものでした。その時誰が、現在のように木材需要がなくなることを考えたでしょうか。

当事、長野県ではカラマツが多く植えられました。この木は育苗が簡単で根付きも良く、成長が早いため、大量に木材を供給するには都合がよいと判断され、広域にわたって植林されたのです。ただし、カラマツ材は割れや狂いが生じやすいので、炭鉱や工事などで使う坑木、あるいは電信柱などに利用されるはずでした。ところが、そうした用途には木でなく、コンクリートや鋼材が用いられるようになります。それならば、といっても脂が多いので、パルプにも使用できません。

現在では加工技術の進歩により、カラマツも集成材などとして利用できるようになりました。木質ペレットの原料としても注目されています。しかし、これまでに植えられ、いま伐採時期を迎えているカラマツの総量からすると、需要と供給のバランスは取れていません。したがって値段も安く、伐採して搬出してもそれに見合う利益はないため、放置されるケースも目立っています。

山が放置されているのは、経済の論理によってです。手をかけ、汗を流しても、木はす

松本市の里山に広がるカラマツ林

ぐにお金になりません。かつては貯蓄をするつもりで植林したのですが、気がついてみたら元金も取り戻せなくなっていました。人が生きていくには食べねばなりません。生計を立てることが必要なのに、山では資金計画が立たないのです。かつて、山は大きな資産だったのに、場所によってはほとんど資産価値がないというのが現状です。山は所有者にとって、重荷になり始めています。

植林の樹種に選ばれたのはカラマツのほか、杉やヒノキで、木の大きさの割に根が浅いのが特徴です。多くは常緑樹で、木が生長すると根元に光が届かず、下草もまばらにしか育ちません。このため、降雨量が多くなると、草や灌木などで覆われていない地面からは土砂が流出し、やがては植林された木も流れ出します。ブナに代表されるように、かつて山の木は水を蓄え、山は貯水池の役割を担っていました。今はその機能が失われ、山に降った雨が一気に大地を削り、土石流災害の源にもなりつつあります。

遠くから見る山は美しいけれども、なかに入ると荒れ果てています。山は人間にとって半分厄介者の扱いを受けるようになってしまったのです。

自然の恵みのシンボル

最初期の人類については諸説ありますが、今から700万年前のアフリカで、森林の樹上から草原へ出てきたといわれます。草原で活動するために直立二足歩行をせねばならず、そのことが脳の発達にもつながりました。人類のふるさとは森にあったのです。

その後の人類の歴史を通じて、もっとも入手しやすい道具の素材は、身近にある草や木、石などでした。植物が生み出してくれる木の実は、食料として大事でした。人びとが食した鳥獣も、その根底に餌としての植物がありました。体を温めたり調理したりするためのエネルギーも、植物に求められました。樹木は人にとって身近なものであり、生活を支えてくれたパートナーだったのです。

日本列島には約4万年ぐらい前に人がやってきたようです。このころは氷河期で、日本列島も今より温度が低かったのですが、約2万年前の最終氷期最盛期が過ぎると温暖化に向かいました。

それまで列島を覆っていた針葉樹林は後退し、西南日本から太平洋沿岸伝いに落葉広葉樹林が広がると、列島上の多くが落葉広葉樹林と照葉樹林で覆われ、コナラ亜属やブナ属、クリ属など堅果《けんか》類が繁茂するようになりました。温暖化による植生の変化により、約1万年前までに日本列島からマンモスやトナカイ、あるいはナウマンゾウやオオツノジカなどの大型哺乳動物が消えていきました。この間に縄文時代が始まります。

近年、日本文化の源流を縄文時代に求めようとする人が多くなりました。世界でも縄文文化が再認識され、縄文土器や土偶などの美が強烈な印象を与えています。縄文時代の遺跡のなかでもっとも有名なのは、青森県にある三内《さんない》丸山遺跡ではないでしょうか。

三内丸山遺跡からは栗の巨木を柱に使った建造跡や大粒の栗が発掘されました。遺跡の周辺の森は、大半が栗の林だったことがわかっています。三内丸山の住人たちは栗の実を食べ、重要な建築材や燃料材として栗の木材を利用していたのです。この地の栗は、DNA分析により野生種ではなかったようです。自然林にある栗は、選別伐採すると減少し消滅するのに対し、皆伐すると伐採前の量を確保できるか増加する傾向にあります。とすれば、三内丸山に住んだ人たちは多大な労力をかけて栗を管理していたことになります。栗は自然の恵みのシンボルでもあったといえるでしょう。

縄文人にとってドングリや栗は大事な食料でした。曽利《そり》遺跡（諏訪郡富士見町）において初めて発見されたのが、「縄文クッキー」と呼ばれる炭化物でした。その後、縄文クッキーは東日本の縄文遺跡においてたくさん発掘されています。縄文時代には、ドングリなどのアク抜き技術が確立し、堅果や球根類のデンプン質を、石皿や磨石を用いて粉にして食べることが可能になったのです。縄文クッキーは、主に住居内の炉の灰のなかから発見されるので、余熱で焼かれたと考えられています。長野県を代表する郷土食「おやき」のルーツといえるかもしれません。

長野県で栗といえば小布施が有名です。松川による酸性土壌が栗栽培に適し、江戸時代には年貢としても納められていました。しかし、いま県内を歩くと栗の大木が放置されているのが目につき、かつて屋敷の周囲にあった栗の木は姿を消しつつあります。

栗は備荒用として大事な食料でした。また、中南信地方の民家は、榑《くれ》と呼ばれる板を置いて、その上に石を据えた「榑葺き」の屋根が多くありました。そうした屋根板の材料として、腐りにくい栗はとても重宝されていました。栗は実だけでなく木材としても大事だっ

長野県天然記念物の「白沢の大栗」（伊那市、写真上）。栗は木材としても食料としても重宝した。木曽谷には栃の大木が多く、「贄川の栃」（塩尻市、写真下左）と「大木の栃」（木曽郡上松町、写真下右）はその最たるもの

たのです。県天然記念物である伊那市の「白沢の大栗」は、かつての栗の大事さを知る上でも大切な木といえるでしょう。

木曽谷を歩くと、栃の大木に出くわします。木曽の入り口、塩尻市贄川《にえかわ》にある県天然記念物の「贄川の栃」、木曽郡上松町天然記念物の「大木《おおき》の栃」などはその最たるものです。栃は独特の木目と加工のしやすさから、木地師がお椀やお盆などによく使います。それにもかかわらず、木曽谷にあれだけの大木がたくさん見られるのは、栃の実が食料として大事だったため、意図的に保護していたからでしょう。「トチの実せんべい」は有名ですが、木曽谷では今でも手間のかかる栃餅を作っているお宅もあります。また、北の方では栄村の栃餅も有名です。

贄川の栃の根元には「ウエジン様」と呼ばれる祠があります。「大木の栃」の下にも祠があります。神の寄りくる木として、信仰の対象になっている例は多く、「鎮守の森」という言葉に代表されるように、森や山は神の鎮座するところでもありました。御嶽信仰に代表されるように、登山は神仏と交わる手段であり、木や山は人間に心の平安をもたらしてくれる精神的なよりどころでもあったのです。それが、近代登山がスポーツに変わり、そうした精神的な側面は忘れ去られようとしています。

人間が生き続けるための鍵

　山や森林は、私たちの生命の水のふるさとのひとつです。木々がきちんと生い茂れば、山や森林自体が貯水池の役割を果たすはずです。そのためにはブナやさまざまな雑木のように貯水性があり、大地に深く根を張る樹種が大事になります。そのような木は、用材を取るために植えられてきた種類とは異なるのです。

　人間が一度手を入れた自然は、ずっと手を入れ続けなければ、人間に牙をむきます。植林した山は放置したままでは災害の巣になります。それは近年の土石流災害でも知ることができます。

上伊那郡辰野町と塩尻市をまたいで広がる、弥彦神社と小野神社の社叢

地球温暖化はこれまで考えられなかったような災害を頻発させています。その背後に石油や石炭といった化石燃料の大量使用があることは明らかです。二酸化炭素の排出削減のためにも、樹木の有効利用とそれを支える植樹や管理が不可欠です。

私たち日本人は木造の家に入った時、なんとなく落ち着き、暖かく感じるのではないでしょうか。建築物に木材を多用することも考えねばなりません。また、木くずや間伐材から作る木質ペレットや木質チップは、ストーブやボイラー、吸収式冷凍機などの燃料として用いられています。これらを燃やしたり熱処理したりすることで、発電さえ行われるようになっています。海外からの安価なペレットに押されて、国産ペレットがどのくらい伸びるかわかりませんが、なんとか国産ペレットの販路を増やし、産業として成長させることが必要でしょう。上伊那森林組合はペレット生産でもがんばっています。

今のように、国でも法人でもない個人の経済論理によって山を管理していくという発想では、山や森林を安定的に維持していくことができません。防災や地球温暖化対策といった広い観点から、山の問題を考える必要がありますし、山や森林が命の水を育み、防災の拠点にもなっていることを忘れてはなりません。近い未来には食料難の際に逃げ込む場所にもなるかもしれないとしたら、害獣として駆逐されている山の生き物たちを食料としての利用促進も図っていくべきです。

人間が山や森林と共に生き続けるためには、人間は自然の一部であり、自然のなかに身を置かせてもらっているのだという観念を醸成しなければなりません。私たち自身が自然にふれあい、自然から学び、共生していくことが、次の時代を築くことになると考えます。

森は、人間が森と共に生きてきたことを思い出すのを待っています。森林との共生は、人類がこのまま地球上で生きていけるか否かの大きな鍵なのです。

（笹本　正治）

伝えられない災害

明治三陸地震津波の発生

皐月《さつき》寒し　生き残りたるも涙にて　　子規

これは、俳人で新聞記者でもあった正岡子規(１８６７〜１９０２)が、明治29(１８９６)年6月29日付の新聞「日本」に発表したものです。皐月は陰暦の5月なので、明治29年の場合6月11日から7月10日にあたります。ならば、どうして「寒」いのでしょうか。「生き残」ったのに「涙」とはどういう意味でしょうか。たった十七文字の中で相反するふたつの言葉がぶつかり合う作品の背後には、何か得体の知れない恐ろしい現実が垣間見えるようです。

子規が詠んだのは、この年の6月15日に発生した「明治三陸地震津波」のために家族を

明治三陸地震津波の被災町村（青森県：「海嘯被害続報」（『官報』3902 号、明治 29 年 7 月 2 日）、岩手県：山奈宗眞調『三陸大海嘯岩手県沿岸被害調査表』（明治 29 年）、宮城県：『宮城県海嘯史』（明治 36 年）より作成）

失った人々の心情でした。子規は、不治の病とされていた結核（脊椎カリエス）のため、取材はおろか歩くことさえ難しい体調でした。にもかかわらず、かくも写実的な句を作れたのはなぜでしょうか。

明治三陸地震津波が発生した明治29年6月15日は陰暦の5月5日、つまり端午の節句でした。そのため、お祝いの宴《うたげ》を開いていた家も少なくありませんでした。外がようやく暗くなり始めた午後7時半ごろ、岩手県沖を震源とする地震が発生しました。地震動はごく弱く、気づかなかった人もいたほどです。しかし、その数十分後、青森県南部から宮城県北部にかけての太平洋沿岸を大津波が次々と襲います。津波は沿岸地域に壊滅的な被害をもたらし、最終的には死者行方不明者約2万2000人に達する、明治日本最悪の自然災害となったのです。最大の遡上高は岩手県綾里村（大船渡市）で記録され、実に38メートルを超えたといいます。

明治29年6月27日付「日本」に掲載された名足救護病院（現宮城県本吉郡南三陸町歌津名足）の画報（台東区立書道博物館蔵）

明治29年6月25日付「信濃毎日新聞」に掲載された義捐金募集の記事(信濃毎日新聞社蔵)

津波発生の翌6月16日、既に全国に張り巡らされていた電信によって、東京にも津波の第一報がもたらされました。これに対し、いち早く対応したのが日本赤十字社です。負傷者の救護と治療にあたるべく、陸軍と協力して医師・看護師を派遣、仮病院を設置するなど精力的に活動しました。日赤に負けず劣らず対応が早かったのは新聞社で、各社は続々と記者を現地に派遣しました。この津波災害は、磐梯山噴火(明治21年)、濃尾地震(明治24年)に続く巨大自然災害でしたので、地元の宮城、岩手、青森はもちろん、被災地から遠い東京や大阪の大手新聞社も取材に殺到しました。各社は情報収集に総力を挙げ、やがて激しい報道競争が繰り広げられることになります。

また、記者を直接派遣しなかった地方紙なども含め義捐金(義援金)の募集を行ったことも目立った特徴でした。そして、さらにその翌17日、多くの新聞が災害の第一報を一斉に掲載しました。

新聞「日本」と津波

新聞社のなかには「画報員」とよばれる専門の画家を派遣する新聞社もありました。当時は写真が未発達だったため、画像の主流は木版をベースとした絵画だったからです。洋画家・中村不折《ふせつ》（1866〜1943）を擁する日本新聞社もその1社でした。信州伊那谷で少年時代を過ごした不折は、明治21年に上京、洋画家としての修業を積む一方、明治27年に日本新聞社に入り、挿絵画家となっていました。

大津波の第一報がもたらされたのと同じ日、日本新聞社にはもうひとつの連絡が届いていました。「発行停止」の報です。当時は、筆禍による発行停止は珍しいことでなく、政府に批判的な記事を多く掲載していた「日本」は、しばしばこの処分を受けていました。この時も「治安妨害の廉《かど》を以て」というだけで具体的な理由は明らかになっていません。多くの新聞が災害発生を報じた時、日本新聞社は出すべき紙面が発行できずにいました。

しかし、発行再開の日まで手をこまねいているわけにはいきません。巻き返しを期すべく、同社は対策を講じます。まず、記者を現地の南北2方面に同時に派遣しました。ひとりは地元青森出身の浅水又次郎《あさみずまたじろう》（1870〜1908、筆名は南八《なんぱち》）で、彼は八戸町（青

画報員を派遣、または絵画を掲載した新聞社

紙名	所在地	特派員1（記者）	特派員2（画工・画報員）
大阪毎日新聞	大阪	西村虎太郎、 縁岡（渡辺巳之次郎）	歌川国峰（＊浮世絵師）
時事新報	東京	対馬健之助、 巻水（宮本芳之助）	都鳥英喜（＊洋画家）
中央新聞	東京	臼井喜代松、 中嶋竹窩	中嶋竹窩（直清）、 久保田金仙（＊日本画家）
日本	東京	犬骨坊（五百木瓢亭）、 南八（浅水又次郎）	中村不折（＊洋画家）
報知新聞	東京	玉井留平	広瀬勝平（＊洋画家）
毎日新聞	横浜→東京	棚瀬軍之佐	丸山古香（＊日本画家）
都新聞	東京	大谷誠夫	梶田半古（＊日本画家）
読売新聞	東京	原貫之助	原貫之助（＊記者兼任）
万朝報	東京	小林慶次郎、 杉田藤太（碌郎）	中島春郊

画報員を派遣しなかった新聞社

中央紙

大阪朝日新聞	大阪	横川勇次（勇治）、鈴木巌
国民新聞	東京	松原岩五郎
中外商業新報	東京	野崎広太、桑谷武一郎
東京朝日新聞	東京	横川勇次（勇治）、鈴木巌
東京新聞	東京	石塚三五郎（岩手）、遠藤安五郎（青森）
東京日日新聞	東京	石塚剛毅、佐伯安

地方紙

東奥日報	青森	木坂三五六
岩手公報	盛岡	日戸勝郎
奥羽日日新聞	仙台	今泉寅四郎、鉄軒（友部伸吉）、迂鉄
東北新聞	仙台	石田三郎
東北日報	仙台	松本新、梅廼家香保留

（注）（　）内の人名は本名・別号等

新聞各社の津波被災地への特派員派遣状況（梅沢浅次郎編『大日本新聞紙正鑑』（明治27年）野上虎次郎編『日本全国新聞雑誌大全』（明治27年）国立国会図書館発行新聞総合目録から作成）

森県八戸市）に直行してそこから南下します。もうひとりの記者、五百木良三《いおきりょうぞう》（１８７１〜１９３７、筆名は犬骨坊《けんこつぼう》、瓢亭《ひょうてい》）は、仙台を経由して志津川《しづがわ》町（宮城県南三陸町）に向かい、海岸沿いに北上しながら取材と送稿を続けました。同社には、さらにもうひとつ秘策がありました。それは、専属画家の不折を五百木に同行させるというものです。

６月24日、ようやく「日本」は発行停止が解除され、他紙より１週間以上遅れて津波の第一報を報じました。その日の紙面には中村不折の「画報」も掲載されています。これは、最も早く「画報」を掲載した「中央新聞」に、遅れることわずか１日という早さでした。

当時の新聞は、文字原稿と絵画の入稿方法が大きく違います。記者が書いた文字原稿は、電信設備が被災していない場所からという条件が付くとはいえ、数時間後には東京の本社へ送信されます。それに対して、画家の描いた原稿は、何日もかけて現物を本社に届けなければなりません。さらに、紙面に印刷されるためには、彫師《ほりし》が版木を彫る時間も必要です。したがって、仮に同じ日に原稿ができたとしても、文字と絵画では、掲載までに数日以上の差が生じてしまうのです。

しかも、不折は記事に従属しない独立した「コマ絵」という分野を得意としていました。日本新聞社はいち早く不折を現地に派遣したために、１週間の発行停止期間を挽回し、少なくとも挿絵や画報といった分野では、他紙に対して最初から優位に立つことができたのです。

子規をも触発した「画報」の威力

被災の実態を伝えるため、ふたりの記者とひとりの画家を現地に派遣した日本新聞社には、もうひとり、津波のことを書いた記者がいました。同社で文芸欄を担当していた正岡子規です。子規は6月29日付の「日本」に「海嘯《かいしょう》」と題して、惨状を目の当たりにしたかのような写実的な14句を、散文とともに発表しています（津波は当時「海嘯」と呼ばれていました）。

冒頭に掲げた「皐月寒し　生き残りたるも涙にて」はその14句のうちのひとつで、「幸《さいはひ》にして生き残りたるは、親を失《うしな》ひ、子を失ひ、妻を失ひ、家を失ひ、食を失ひ、命一つを浮世にもてあましたるもなかくあはれ《わ》ならぬかは」の一文の後にあります。結核を患い病床にあった子規は、五百木と浅水の記事に加え、不折の絵画を頼りに「海嘯」を執筆したはずです。なぜなら、かねてより不折との議論を通じて写生の優位性を自覚し、自らの作句にも取り入れていた子規は、不折による写実的な「画報」に触発されたに違いないからです。

子規は日本文学、不折は洋風美術というそれぞれの専門分野を越えて、ふたりは互いに切磋琢磨する仲でした。子規は明治34（1901）年6月28日付「日本」に掲載した随筆「墨汁一滴」のなかで、不折について「君が勉強は信州人の特性に出づ、されど信州人といへ《え》ども君の如く勉強するは多からざるべし」と、そのたゆまぬ努力を高く評価しています。

後に不折は、洋画家として、書家として、また書道資料の蒐集《しゅうしゅう》家（コレクター）として大成します。一方、子規もまた、病と闘いながら「写生」の重要性を説き、俳句や短歌の革新運動を推し進めますが、その契機となったのが、写実主義を基本とする洋画家、とりわけ中村不折の絵画理論でした。

「海嘯」のなかから、さらに3句を紹介します。

菖《しやう》蒲《ぶ》葺《ふ》いて津波来べしと思ひ《い》きや
短《みじか》夜《よ》やほろ〳〵燃ゆる馬の骨
五月雨《さみだれ》は人の涙と思ふ《う》べし

ここには、突然の災害に襲われた人々の驚きと恐れ、犠牲者の無念、そして生存者の苦

「大舟渡惨状」（現岩手県大船渡市）明治29年7月3日付「日本」（台東区立書道博物館蔵）

悩が見事に表現されていることに驚かされます。子規が書いたのは、五七五の韻律と陰暦5月上旬にふさわしい季語のある、渾身の「記事」だったのではないでしょうか。

不折の挿絵から考える災害報道

不折は、自作が掲載された新聞を切り抜いて、大切に保存していました。そのなかから一部を紹介しますが、木版独特の力強い線描には、縮刷版やマイクロフィルムでは伝えきれない、独特の味わいがあります。

津波災害の典型ともいえる情景を切り取った「大舟渡惨状」は、新聞としては異例の幅25㎝を超える大きさです。画面中央に見えるつなぎ目から、左右2枚の版木を使っていることがわかります。

最初に目を引くのは、津波の引波にさらわれ、屋根だけになって海上に浮かぶ民家です。なかには骨組みだけになった屋根も見えています。また、画面右側に目を転じると、遠くには何かを捜索する人々がおり、右下の目立たない場所には筵《むしろ》をかぶせただけで放置された遺体も描かれています。左側の海面の空きスペースには、タイトルと署名が書かれ、画家としての自信の程もうかがえます。

「我々の旅宿」（取材地不詳）明治 29 年 7 月 4 日付「日本」（台東区立書道博物館蔵）

　ちなみに、茅葺《かやぶ》き屋根が海上に浮かぶという事実は、津波の状況を考えてみれば当たり前ですが、絵画化されて初めて実感できるのではないでしょうか。実際に、当時の津波報道を読むと、この茅葺き屋根の特性のため命拾いした人の話をいくつも見つけることができます。

　記者たちの宿所の様子も興味深い場面です。「我々の旅宿」と題した作品からは、各社の記者や画報員、さらには赤十字社の

「火葬」（取材地不詳）7月1日付

「屍体縦横何人たるを解せず為に并列して里人に問ふ（大谷所見）」（現宮城県気仙沼市本吉町）6月29日付

「清水浜」（現本吉郡南三陸町志津川清水浜）6月25日付

「伊里前所見　罹災者葬礼」（現本吉郡南三陸町歌津伊里前）6月26日付

いずれも明治29年「日本」より（台東区立書道博物館蔵）

職員までが一部屋に泊まっていたことがわかります。ランプの下で会話にいそしむ者、原稿を執筆する者など各人様々です。服装も、和装あり洋装あり制服ありで、当時の関係者の楽屋裏がうかがえます。こうしたビジュアルイメージは写真では決して伝えることはできませんでした。ランプの灯りだけで室内の情景を撮影することは、当時の感度の低いガラス乾板では到底不可能だからです。それに対して、不折が描いた「日本」の挿絵は、夜景や室内の描写が多いのが特徴でもあります。

私たちは、遠いところで起きた災害について、新聞やテレビ、インターネットなどの報道によって情報を得ていますし、おそらく将来もそうでしょう。ともすれば100年以上前の遅れた技術に比べ、より正確に真実を知っていると思いがちです。しかし、ここで問題にしたいのは果たしてそう言い切れるのか、ということです。

再び不折の新聞挿絵に戻ります。明治29年の「日本」紙面には、検死、遺体の火葬、葬列、そして死んだ牛馬の処分など、文字では十分に伝えられず、逆に写真や映像では伝えることが〝許されない〟場面が多く見られます。しかも、それらは人物の自然なポーズや力強い線描、そして適度な省略によって、絵画ならではのメッセージの伝え方をしています。

あらゆるメディアにとって、とりわけ災害の現場においては、決して伝えられない内容があります。しかし、それは〝なかった〟わけではありません。このことは、信州においても将来襲来するであろう地震、風水害などに遭遇した時に必ず直面する課題として、心に留めておきたいと思います。

（林　誠）

＊引用文の漢字は新漢字にあらため、句読点を補いましたが、仮名遣《づか》いは歴史的仮名遣いのままとしました。

限りある地下資源

縄文時代と現代をつなげる「星糞」

「黒曜石」という言葉は、明治11（1878）年、鉱物学者の和田維四郎が英語の「obsidian」を訳したことから、一般的になったといわれています。それ以前、江戸時代の本草学者で奇石収集家であった木内石亭《せきてい》が、18世紀後半に著した『雲根志』にも黒曜石の記述が見られます。ただ、そこでは漆石、烏石、黒羊石、星糞などさまざまな呼び名があったようです。そのひとつ「星糞」が江戸時代、かなり広く使われていた可能性があります。

寛保3（1743）年、江戸中期の俳人菊岡沾涼《せんりょう》が著した文献『諸国里人談』に「星糞」の一節があります。木内石亭の『雲根志』は安永2（1773）年から享和元（1801）年にかけて書かれているので、それより半世紀ほど前に登場したことになります。

「信濃の国の岩村田のあたりに、春、田を耕すと土中から出てくる石がある。色は薄い灰色、水晶に似た感じである。大きなものはまれで、ふつう火打石のかけら程度の、角が尖った石だ。このあたりは、よそに比べて流星が多い土地である。流星がとりわけ多い年には、この石もまた多い。これを「星糞」という」（『諸国里人談』巻之二より）。

佐久市岩村田の畑地に見られたキラキラ光る石のかけらを、江戸時代の人びとは空から降ってきた「星のかけら」と見ていたようです。

そのほか、会津藩の田村三省《さんせい》が享和2（1802）年に完成させた『会津石譜』にも「星糞」の表記が見られ、幕末、オランダ人シーボルトが日本から持ち帰った鉱石の中にも「ホシクソ」がありました。江戸時代にはむしろ、「星糞」は一般的に用いられていたのかもしれません。

長野県立歴史館が所蔵する明治5（1872）年の行政文書を見ると、明治5年にウィーンで開催した博覧会への出品

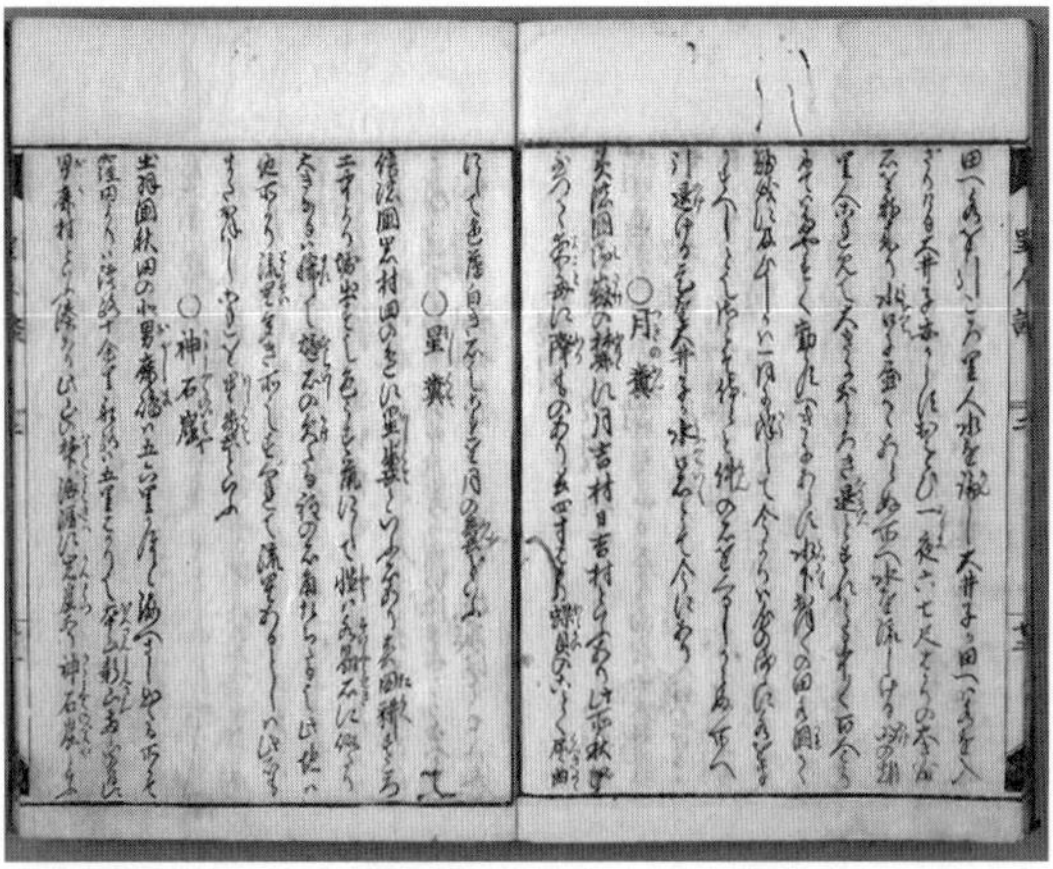

「星糞」の言葉が最初に登場する菊岡沾凉の『諸国里人談』（国立国会図書館デジタルコレクションより）

目録に「星糞石」の名が見つかります。明治時代になっても「星糞」は残っていました。

かつて縄文人が黒曜石を何と呼んでいたのかはわかりません。ただ、黒曜石の採掘までしていた縄文人は、この石が地中深くに眠っている資源であると見ていたことでしょう。しかし、黒曜石は弥生時代、鉄器の出現により利器の主役を交代してしまいます。いつしか、黒曜石の存在は忘れられ、江戸時代には空から降ってきた「星のかけら」となっていたのです。

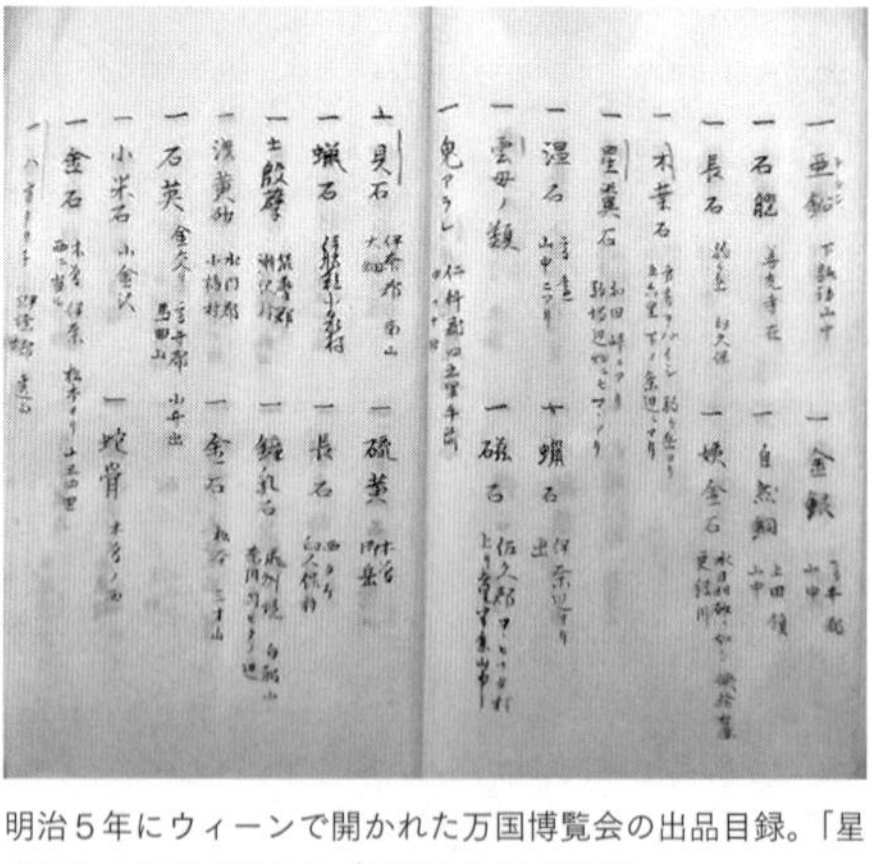

明治５年にウィーンで開かれた万国博覧会の出品目録。「星糞石」の文字が見える（長野県立歴史館蔵）

黒曜石は熱すると発泡体となるため、現在では断熱材や混和材、緑化園芸などの素材にも使われています。昭和40（1965）年、小県郡和田村（長和町）に東邦パーライト工場長野工場の前身となる会社が設立、諏訪郡下諏訪町側では芙蓉パーライトの前身会社が昭和39年に黒曜岩軽量骨材（パーライト）の製造技術を開発しました。

3万5000年前、地表に顔を出していた黒曜石を採取することから始まり、縄文時代には採掘するようになった黒曜石は、一時期その使用が絶えたとはいえ、現在まで人の暮らしと関わりを持ち続けてきた地下資源といえます。

信州の黒曜石は、明治・大正時代から注目されるようになりました。昭和27年の諏訪市茶臼山遺跡（諏訪市）における旧石器の発掘を契機に、黒曜石原産地エリアにある旧石器時代遺跡を中心に、研究の目が注がれるようになります。

星糞峠黒曜石原産地遺跡（長和町）と星ヶ塔黒曜石原産地遺跡（下諏訪町）の縄文時代の黒曜石鉱山や、麓にある縄文ムラの駒形遺跡（茅野市）が国史跡に指定され、広域にわたる原産地と遺跡群の関係が議論されるようになってきました。原産地一帯の豊かな自然環境を背景に、貴重な黒曜石資源を生産・流通させていた人類活動の痕跡が、遺跡として濃密に残されていることが明らかになると、調査や研究が深まります。それらの保存や、現代の暮らしにも活用するための取り組みも行われるようになったのです。

黒曜石が主要な利器であった旧石器・縄文時代の人びとは、信州の地下に埋もれていた地下資源を自分たちだけでひとり占めすることはありませんでした。そうした資源を遠くの地域の人びとと分かち合うため、縄文鉱山の麓のムラには多くの人が集い、日本各地の物資が行き交いました。信州の縄文文化は繁栄を遂げ、黒曜石を生活の糧《かて》とした「黒曜石文化」が発展したのです。

現在、私たちはそうした遺跡を調査し、当時の生活と社会のシステムの復元にまで迫ろうとしています。約3万年間も人びとの生活を支えた、黒曜石という地下資源を通して、私たちは現代社会を探り、未来へ向けた新しい文化の発信を目指しているのです。

広域的な縄文時代の流通ネットワーク

諏訪湖の北側、和田峠から霧ヶ峰を経て八ヶ岳にかけては、黒曜石の産出地が30カ所ほど確認されていて、本州でも最大規模の黒曜石原産地です。火山の噴火によって生成される黒曜石は、産地が限定されます。したがって、全国の遺跡から発見される石鏃《せきぞく》などの黒曜石製の遺物は、先史時代の交易を研究するための重要な考古資料として、明治・大正時代から注目されていました。発見された黒曜石がどこの産地からもたらされたものかを推定することで、当時の地下資源の利用の有様を明確にすることができるからです。

黒曜石の産地推定分析には、いくつかの方法があります。顕微鏡などで結晶の状況を調べたり、岩石学的特徴による産地を比較したりなどは、明治時代から行われてきました。昭和40年代に入ると、地球物理学者らが黒曜石の理化学的分析をすることによって産地を推定する研究を行うようになりました。

「フィッション・トラック」分析法は、黒曜石の噴出年代を測定し、産地を確定していく方法です。次に、噴出源によって異なるマグマの成分の差から産地を推定する「熱中性子放射化分析」と「蛍光X線分析」が急速に進展しました。これは、前者が試料を一部破壊して分析するのに対して、後者は破壊せずに分析結果が得られるため、遺跡内で見つかった全黒曜石の分析を行うことができるようになりました。沼津高専名誉教授の望月明彦と明治大学黒耀石研究センターの池谷信之らによって行われた遺跡内の黒曜石全点分析で、一時期に各産地から黒曜石がもたらされていることが明らかになり、縄文時代の流通ネットワークの解明が大きく前進したのです。

黒曜石の流通にはふたつの方法が考えられます。原産地で製作し製品が流通する、原石が運ばれて消費地で製作・消費する、のふたつです。

ひとつめの例として、長野県埋蔵文化財センターが上水内郡信濃町の野尻湖周辺で、高速道建設等に伴う発掘調査によって出土した旧石器時代資料のうち、分析可能な1万5000点余の産地分析を行ったところ、信州産は99・9%。残りの0・1%にあたる17点は信州以外の産地の黒曜石でした。なかでも200㎞以上離れた青森県の日本海沿岸部で産出された深浦産黒曜石が含まれていました。これは、北方系の技術的特徴を持つ、細石核と呼ばれる石器を作る素材の石塊です。残りの県外産黒曜石もほとんどが製品もしくは製品のかけらでした。つまり道具が流通していたことになります。長野県教育委員会の谷和隆は「いくつもの集団が介在して間接的に野尻湖遺跡群に持ち込まれた」と推定。わずかな量とはいえ、県外の遠い地域の集団との交流のあり方を探る重要な結果です。

縄文時代の信州産黒曜石では青森県や北海道で矢じりが発見された例があります。旧石器時代の200㎞より遠い600㎞の範囲で、製品が流通していたようです。

もうひとつは、原石が縄文のムラで発見された例です。

昭和59年、中央自動車道長野線建設に伴って発掘調査された大洞《おおぼら》遺跡(岡谷市)で、大量の黒曜石が出土しました。この遺跡は塩嶺山地山麓を刻む谷頭部の南向

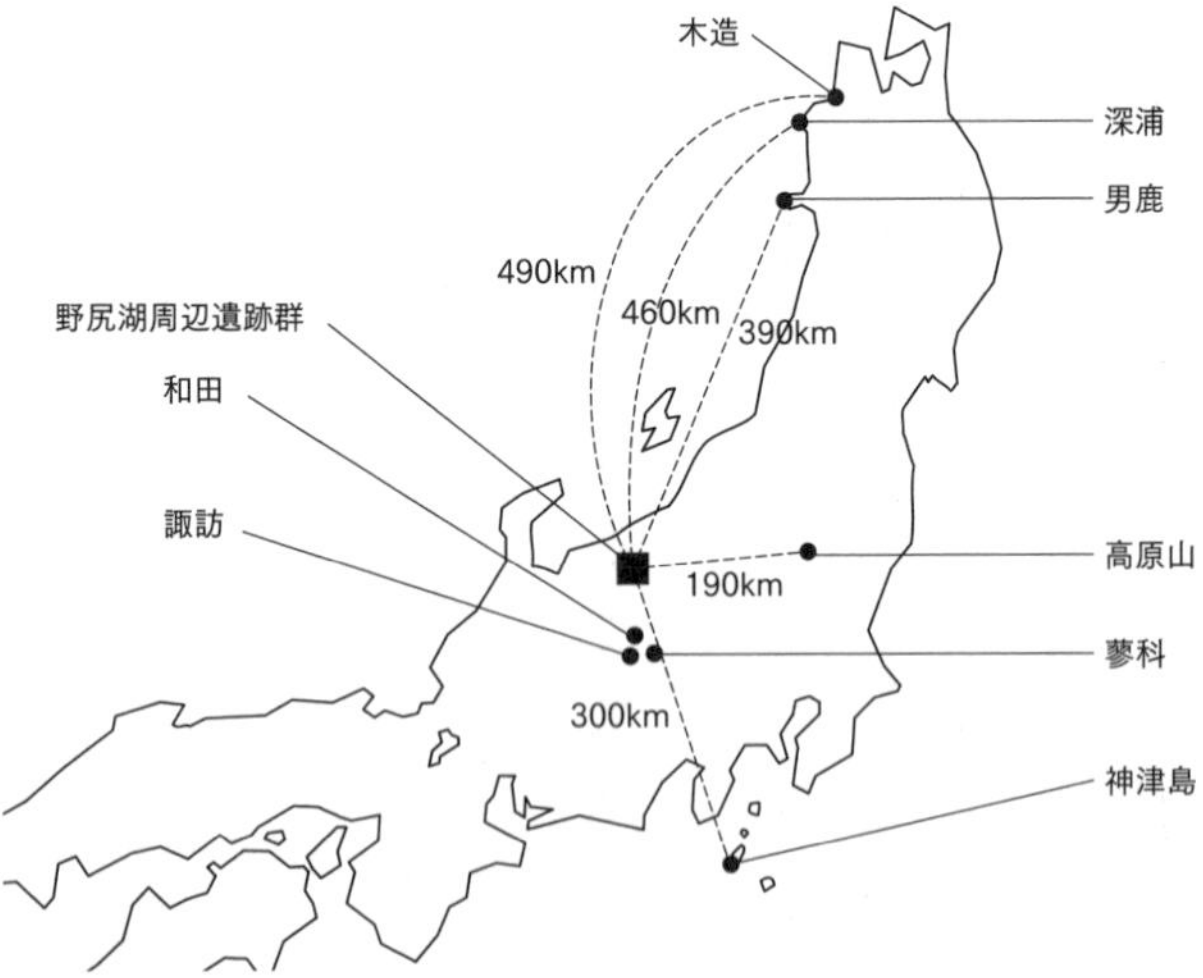

野尻湖周辺遺跡群への遠隔地黒曜石の搬入

き斜面にあり、縄文時代前期末～中期初頭の竪穴住居跡が3軒と土坑、集石炉と黒曜石の集中ブロックが発掘され、小規模な集落跡であったと考えられます。出土した黒曜石の剥《はく》片《へん》、石核《せっかく》、なかには拳《こぶし》大の原石を積み上げたような状態もあって、重量の合計は60kgを超え、竪穴住居3軒という小規模な集落にしては黒曜石の量が多く、黒曜石の加工・流通に関わる遺跡だと推測されます。

大洞遺跡（岡谷市）に貯蔵されていた黒曜石（長野県立歴史館蔵）

　黒曜石の集積遺構はふたつに大別され、黒曜石原石を集積した「原石集積」と黒曜石の小石片いわゆるチップが数メートルの範囲に散布している「砕片集中」があります。「原石集積」は黒曜石原産地の霧ヶ峰から八ヶ岳山麓を発掘するとしばしばみられ、「黒曜石集積」などの呼称で黒曜石貯蔵例として注目されていました。

　大洞遺跡には5つの「原石集積」があり、原石が非常に大きいA群、原石の形が直方体から角柱状からなるB群、原石の形状、大きさともに不揃いなC群に分けられます。A～C群の黒曜石集積を考えると、A群は流通用として貯蔵、B群は中型品の流通用、C群は自己消費用と考えられるのです。現代のリンゴ農家の出荷を想像した時、A群は特秀品、Bは秀・優・良品、C群は自家用で、ちゃんと振り分けをして貯蔵していたのではないでしょうか。数千年前、大規模に黒曜石を採掘し、流通させていた縄文人は、分配・流通する黒曜石にそれなりの等級（ランク）をつけていたと考えられるのです。

飽食の時代の地下資源を考える

「地下資源」というと、具体的に何を想像しますか。

『大辞林』によると「地中に埋蔵されている鉱物などで、採掘されて人間生活に役立つもの。鉄鉱・ウラン鉱・石炭・石油など」、『広辞苑』では端的に「地下にある資源。鉱産物の類」としています。一般利用者が執筆に参加できるインターネット百科事典「ウィキペディア」には「地中に埋蔵されている鉱物などのなかで、特に人間に有益である物の総称で天然資源のひとつ。主なものに化石燃料、鉄などの金属、金などの希少金属（後略）」とあります。

日本においても世界でも、最も古い地下資源は鉱物の集合体である石、岩石でした。石器の材料として利用したのです。現在、世界最古の石器は260万年前までさかのぼるといわれています。つまり石器を使用したことがすなわち、地下資源の利用ということになるのです。

長野県では、最古の遺跡から出土した石器が地下資源の利用の始まりといえます。長野県最古級の石器は、野尻湖底の立が鼻遺跡（上水内郡信濃町）で4万3000年前の地層（U3＝野尻湖層海端砂シルト部層、旧下部野尻湖層下部）から出ています。別の最古の遺跡である竹佐中原《たけさなかはら》遺跡（飯田市）もおそらく同様な年代と推定されるので、長野県における地下資源利用の開始時期は4万年以上前の年代だと考えてよいでしょう。石材は野尻湖が鉄石英、竹佐中原遺跡が近場で獲得できるホルンフェルスでした。

黒曜石が利用されるようになるのは、3万5000年前ころです。立が鼻遺跡で最古の石器が出土した地層よりも上にある地層（T7＝野尻湖層立が鼻砂部層、旧上部野尻湖層Ⅰ）から出土しました。

4万3000年前の立が鼻・竹佐中原遺跡の旧石器人は、まだ黒曜石を知りませんでした。黒曜石を利用し始めた3万5000年前の野尻湖周辺の陸上遺跡である日向林《ひなたばやし》B遺跡や貫ノ木《かんのき》遺跡の旧石器人の生活とは、格段の差が認められます。

前者の遺跡規模は小さく、石器の材料を獲得することができる近くに逗留《とうりゅう》したようですが、後者は黒曜石という有用な石材の産地を知ったうえで、産地からは離れていても住みよい地に住み、必要に応じて産地へ出向いて石材を確保していたとみられます。黒曜石の存在を知ることによって、生活は大きく変わったといえるでしょう。

日本で、銅・鉄などの金属器が使用されるようになるのは弥生時代ですが、当時は製品や原料を輸入していました。生産するようになるのは、古墳時代以降のようです。炭鉱の歴史で残る一番古い資料は福岡県の三池炭鉱で、室町時代の文明元（1469）年、三池郡稲荷村（福岡県大牟田市）の農夫傳治左衛門が石炭を発見したというものです。

金といえば、佐渡金山（新潟県）や武田信玄の時代に最盛期を迎えた甲斐金山（山梨県）を思い出します。長野県でも茅野市や南佐久郡川上村などで産出していました。ただ、そ

竹佐中原遺跡（飯田市）から出土した長野県最古級の石器（飯田市教育委員会蔵）

の埋蔵量はさほどでもなく、短命に終わっています。長野県の地下資源として比較的産出量が多かったのが硫黄で、米子高山（須坂市）が知られます。硫黄といえばマッチなどを想像しますが、近代工業においてはごく少量だったようで、須坂の硫黄は、二硫化炭素、パルプ、合成繊維、化学肥料、ゴムなどの製造において多用されていたようです。

長野市で、化石燃料のひとつである石油を精製していたこともありましたが、石油、石炭、天然ガスの元となる化石燃料は、いつかはなくなる消滅型資源であり、資源のリサイクルや、再生、無限型資源の利用法などの研究開発が今後の課題とされています。

人類の歴史の99％は狩猟採集民の時代だといわれます。アフリカの狩猟採集民であるサン族は、狩猟対象動物を数多く知り、食糧となる植物もかなりの数を知っているにもかかわらず、通常は数種類の動植物しか利用しないそうです。それ以外の生物が、通常の動植物が取れなくなった時のバックアップだからだといわれています。狩猟採集社会は非貯蔵社会ともいえます。必要な物資を必要最低限確保して生活することは、結果として万が一の時の備えとなるのです。

縄文人たちはもちろん、黒曜石という地下資源の埋蔵量を正確に知ることはなかったと思いますが、動植物と同様に乱獲することはなかったでしょう。乱獲すればそれは、自分たちの生活を破滅に追い込むことを知っていたからで、そのなかで限りある資源を分配しあっていた社会であったと思われます。

現代は飽食の時代です。あらゆるものを獲得し、貯蓄する。しかし、化石燃料などの消滅型の資源に大きく頼っていることも事実です。使いたいだけ使おうという現代社会において、もう一度狩猟採集民の思考や旧石器・縄文時代の人びとの生き方に学ぶことも、未来社会にむけて必要なことではないでしょうか。

（大竹　憲昭）

2

信州の暮らしを支える——

産業と交通

生きることは食べること

食料自給率100%だった時代

日本列島には、旧石器時代であった4万年から3万8000年前ころに、人が住み始めたと考えられています。

この旧石器時代の人びとと1万6000年から3000年前までの縄文時代の人びとは、主に食料を採集して生きてきました。3000年から2500年前に始まる弥生時代の人びとは、それまでの食料採集に加え、稲作によって米を生産し始めます。いわゆる「食料自給生産」です。この時代に形作られた食文化が現代に引き継がれ、私たちの食生活の基本となっています。それ以来、日本列島に住み続けてきた私たちの祖先は食料自給率100%の生活を送ってきました。

しかし米を生産する食料自給が始まったと言っても、間違いなく江戸時代までは農耕で暮らす人の多くが、現代のように日常的に米を主食として食べていたわけではありません。

寛永17（1640）年から寛永19年にかけて、日本列島は異常気象により全国的に農作物が凶作となりました。徳川政権発足以来最大の飢饉であったようです。公式な統計は残されておらず、はっきりとした数字はわかりませんが、全国で5万人から10万人の餓死者が出たと推定されています。この寛永の大飢饉により、飢えた農民たちは食べ物を求めて大都市部に流入し、多くが「乞食」となったと考えられています。

幕府は、「田畑永代売買禁止令《でんぱたえいだいばいばいきんしれい》」を発布して生活に貧窮する農民たちが農地を手放すのを禁止するなど、飢饉をきっかけに起こったさまざまな事態に対応しました。年貢を納める農民たちをそのまま農地に縛り付けるためのものでもありました。

そのなかで、寛永20（1643）年に農民の生活規範を定めた条例「土民仕置覚《どみんしおきおぼえ》」のなかに、食に関する興味深い項目がありました。

一、百姓の食べものは、常に雑穀を用いなさい。米はみだりに食べないように申し聞かせなさい。

一、農村でうどん、切り麦、そうめん、そば切り、饅頭、豆腐など、五穀を浪費するような商売はいけません。

こうした項目から、江戸時代の農民の日常の食事は、米に大麦、粟、稗を混ぜたり、大根などの野菜を混ぜて炊いていたことがわかります。

いずれにしても江戸時代までは、飢饉が起きて食料不足が生じても、鎖国政策もあって海外からの食料輸入は行われませんでした。良くも悪くも食料自給率は１００％を維持していたのです。

明治時代から戦前までの米の自給状況をみてみましょう。

戊辰戦争などの影響で日本列島内の米が不足し、すでに明治元（１８６８）年、フランス領インドシナのサイゴン（現ベトナム・ホーチミン市）から、「南京米」と呼ばれるインディカ種のサイゴン米８万３９０９石が輸入されていました。明治2年には列島内の米の凶作が重なり、64万８２８５石、明治3年にはフランス領インドシナで米価が下落したことから、２１５万８４３石が輸入される急増ぶりです。

この後、明治5年から明治27年に始まる日清戦争までは、日本からの輸出米が輸入米の量を上回っていましたが、日清戦争以後の明治33年以降には、再び輸入米の量が増えることとなります。

また、大正7（１９１８）年の米騒動以来、当時植民地としていた朝鮮や台湾からの移入米が増加し始めます。大正11年の朝鮮米や台湾米の国内流通量は27％を、昭和10（1935）年には52％を占めていました。戦前の食料全体に関わる資料については不明な部分が多いので、詳細で確実な数値はわかりません。しかし、昭和6年の満州事変から昭和20年の終戦までの15年戦争以前には、植民地支配という当時の国際事情を考慮しても、米やほかの食料自給率は90％以上であったと考えられます。

日本の米の生産が、15年戦争以前の数値にまで回復するのは昭和20年代中ごろとなります。

戦後の食料自給率の昭和40年以降の推移を、農林水産省の「食糧需給表」により確認してみましょう。カロリーベースでの食料自給率は、昭和40年度には73％であったものが、平成7（1995）年度に43％まで下がります。平成12年度は40％、平成29年度は38％で、この20年間はほぼ横ばいです。

世界のほかの先進国の数値をみると、平成25年度データでカナダ264％、オーストラリア223％、アメリカ130％、フランス127％、ドイツ95％、イギリス63％、イタリア60％です。日本の数値は、外国から必要な食料が輸入できなければ生きていけないことを意味しています。

ちなみに、食料自給率は分子を国内生産、分母を国内消費仕向として計算されます。これを重量で表すと「重量ベース」、基礎的な栄養価であるエネルギーに着目した熱量（カロリー）で表したのが「カロリーベース」、経済的価値に着目した金額で換算して表したものを「生産額ベース」と呼んでいます。

都道府県別のカロリーベースの食料自給率（平成28年度）をみると、長野県は53％です。気になるほかの都道府県は、秋田県が最も高くて１９２％、次いで北海道１８５％、以下主だったところは新潟県１１２％、鹿児島県89％、富山県79％、高知県46％、群馬県33％、沖縄県33％、岐阜県24％、広島県23％、山梨県20％、福岡県19％、静岡県17％、愛知県12％、京都府12％、神奈川県２％、大阪府１％、東京都１％と

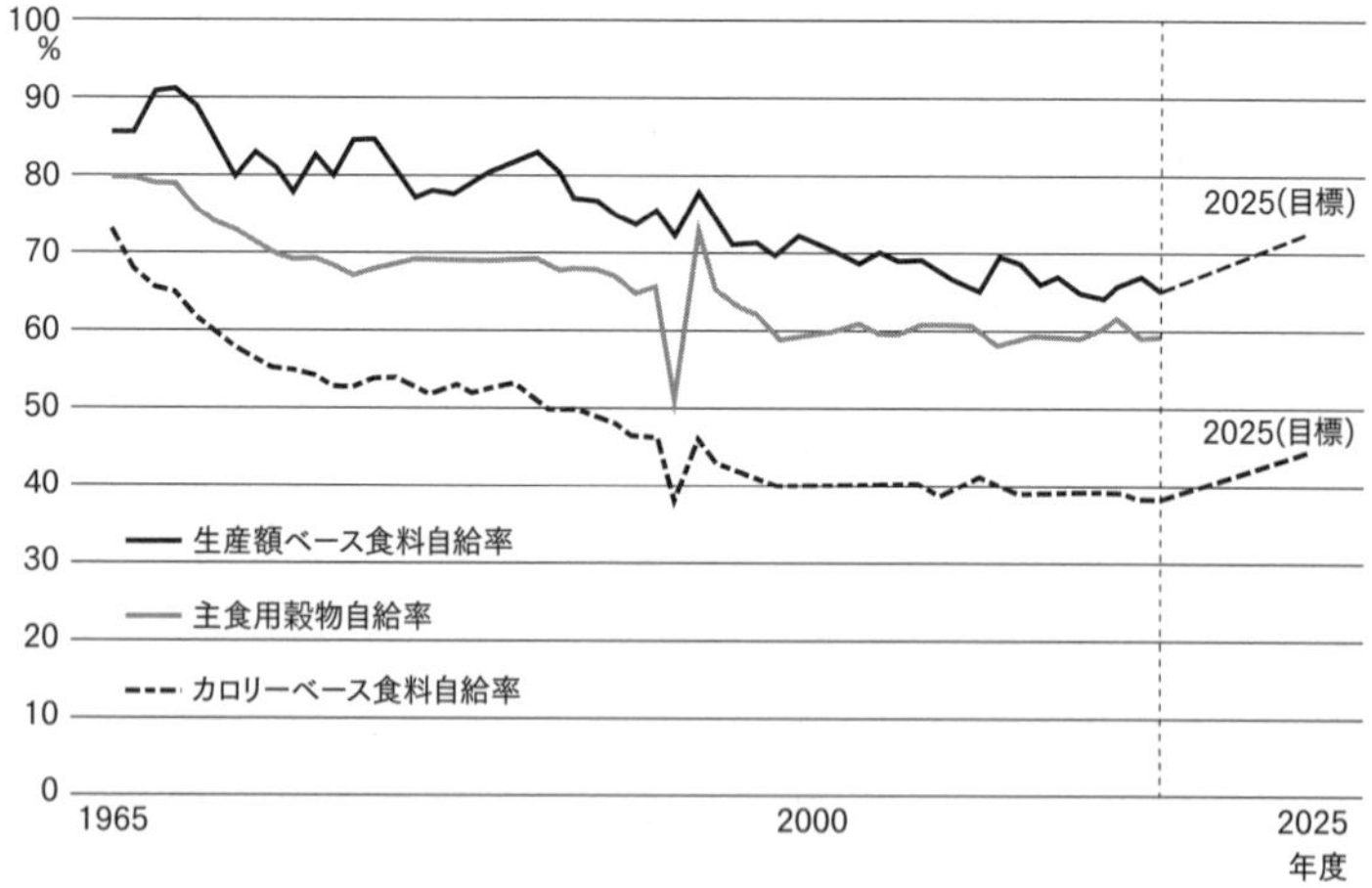

日本の食料自給率の推移と目標値（農林水産省「食料自給率の長期的推移」を元に作成）

なっています。

自給自足とは、自らが必要とするものを、自らでまかない、足りるようにすることです。食料自給率の数値が高ければ高いほど、自らの生産によって食料がまかなえるわけですから、現代の日本の数値を見るにつけ薄ら寒さを覚えてしまいます。

文化として考える食

日本で「食文化」という考えが生まれたのは、国内に飢える人びとがいなくなり、エンゲル係数が20％台に下がった昭和55（1980）年ころからとされています。食べるために精一杯ではなくなり、日々の生活のなかにゆとりが生まれたからといえます。

昭和40年までは、国民が食事にあてる平均時間は1日あたり60分台でしたが、昭和45年以降には90分台まで急に延びることとなりました。これは、食事が空腹を満たすものから楽しむことに変化したからだとされ、このような変化も食文化を考える背景の一因となったと考えられます。それではなぜ、食文化を考える必要があるのでしょうか。

現在、世界人口のおよそ3分の1が食料不足に陥っているといわれています。その多くが発展途上国とされる国や地域の人びとです。

こうした国では、飢える人びとの健康を確保し、国民の栄養を向上させるために、食料の生産や確保が急務です。現実的に食べることに必死で、食を文化として考える余地はありません。

世界中の国や地域には、それぞれの食の好みや食べ方（＝食文化）があります。世界全体の食料問題を考えるには、世界規模で食料増産の技術やその流通に思いをめぐらせなければなりません。各地の食文化を理解しなければ、飢餓に苦しむ人びとに適切な食料を届けることができないからです。

私たちが主食とする米の食文化ひとつ取り上げても、日本とそれ以外の米には大きな違いが見られます。

日本では、日常的に食べているジャポニカ種米が「あたりまえの米」、上等品種とされています。しかし、東南アジアやインド、中東の多くの人々にとって、「あたりまえの米」とされているのはインディカ種米であり、多くの日本人が日常の食生活の中では食べ慣れない米です。

前述したように明治以降、多くのインディカ種サイゴン米が輸入されましたが、弥生時代以来、列島内で身近に食されてきたのはジャポニカ種米です。明治23年4月25日付の読売新聞には、「さてその味といえば実に言語道断で、冷飯になればバラバラになって喉を通らない。米と名づければ米だが、その実米ではなく一種異様の穀物である」との記事が掲載されました。このインディカ種米輸入への酷評は、まるで平成7（1995）年のタイ米（インディカ種米）輸入の際とまったく同じ状況ではありませんか。

平成7年の夏は記録的な冷夏で米が不作となり、大規模な米不足となりました。日本への米の輸出を早急に対応してくれたタイから、インディカ種米が緊急輸入され、店頭に並びました。しかし、日本人にとってインディカ種米は「あたりまえの米」ではありませんでした。ジャポニカ種米と輸

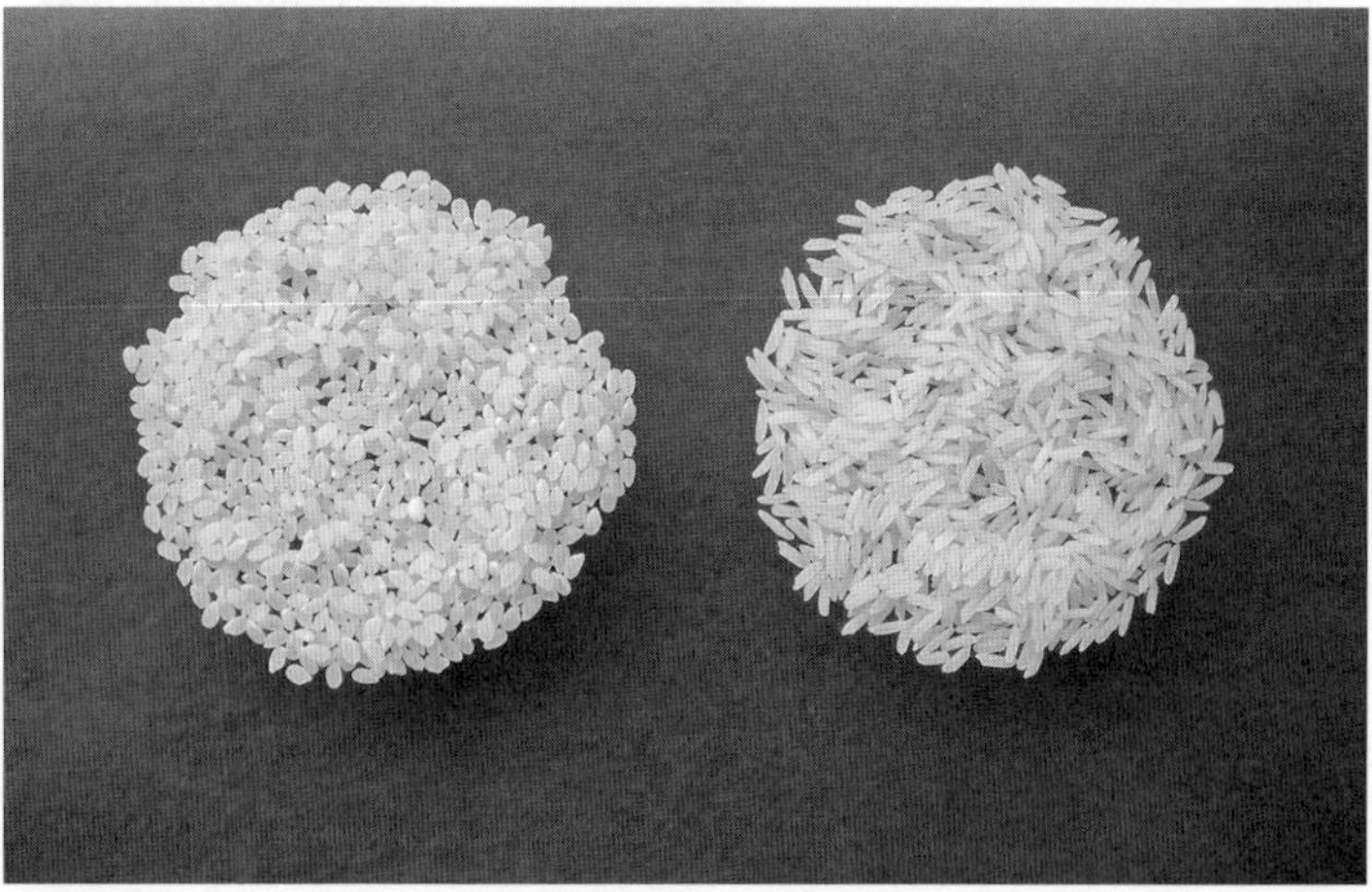
短粒米のジャポニカ種米（左）と長粒米のインディカ種米

入したインディカ種米をブレンドするなどの工夫もなされましたが、日常的に慣れたジャポニカ種米以外の味覚を日本人が受け入れられなかったことから、インディカ種米は大量に廃棄され、一部では鳥のえさにしたなどの報道も聞かれました。

緊急輸入した米を廃棄した日本人の行為は、世界の人たちの目にはどのように映ったのでしょうか。日本に急きょインディカ種米を輸出したタイでは、米価が高騰し貧困層の人びとに米が行き渡らない状況になりました。そうした事態は、金満日本のおごりとも受け止められたのです。

地球上のさまざまな国や地域には、個々の食文化が息づいています。適切な食料援助を行うには、それぞれの食文化を理解することこそがどれほど重要かを認識しなければなりません。

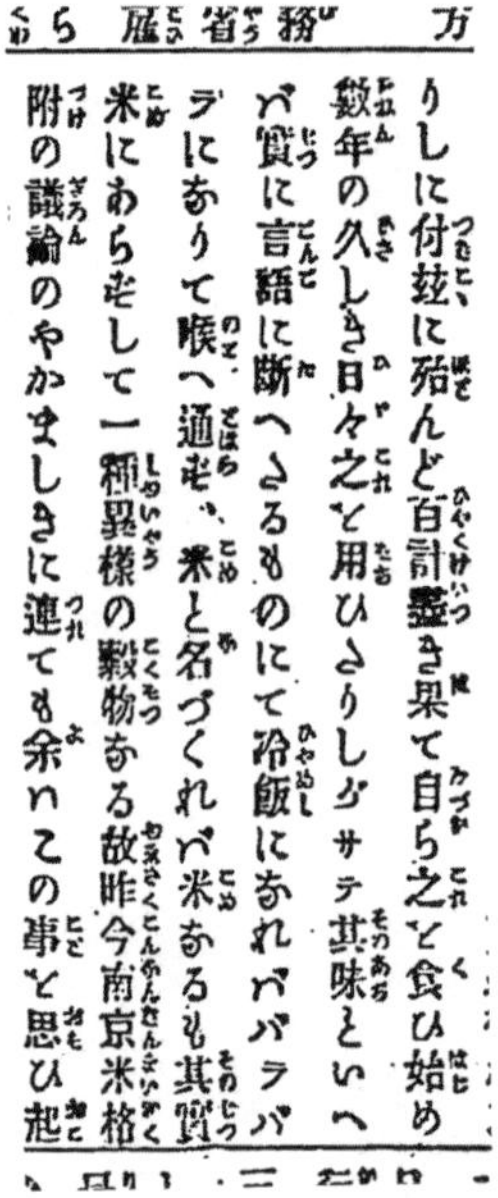
りしに付玆に殆んど百計盡き果て自ら之を食ひ始め
數年の久しき日々之を用ひざりしがサテ其味といへ
バ實に言語に断へざるものにて冷飯になれババラバ
ラになりて喉へ通ぜ、米と名づくれバ米なるも其實
米にあらずして一種異様の穀物なる故昨今南京米格
附の議論のやかましきに連ても余れこの事と思ひ起

明治23（1890）年4月25日付の読売新聞。「サテ其味といへバ実に言語に断へざるものにて冷飯になれババラバラになりて喉へ通ず、米と名づくれば米なるも其実米にあらずして一種異様の穀物なる故昨今南京米格附の議論のやかましきに…」と読める（日本新聞博物館蔵）

食べるとは命をいただくこと

食料を手に入れるには、他人から買う、もらう、奪う以外は、自らが採集するか生産しなければなりません。

食料の採集には、草木などの採取と狩猟漁撈があります。多くの民族例から、採取のほとんどが女性の仕事、鳥や獣、魚などの狩りの多くが男性の仕事とされてきました。このように食料を採集して生きている人びとを食料採集民と呼びます。一方、食料の生産には植物の栽培と動物（家畜）の飼育があり、それによって生きている人びとを食料生産民と呼びます。

食物生産の長い歴史のなかで、ヨーロッパ、西アジアや中国は栽培植物と家畜を併せ持った地域ですが、日本は長く食用の家畜を持たない地域でした。旧石器時代以来、日本列島に住み着いた私たちの祖先は、海や川、湖などから魚介類、野山に入り鹿、猪、兎《うさぎ》、山鳥などの野生動物や、ドングリなど野生の植物を採取して貴重なタンパク源を得ていました。弥生時代に入ると、植物については採取と栽培を併用するようになりますが、動物につい

現在、害獣の代表とされる日本鹿

ては家畜の飼育でなく、狩猟による食肉を続けてきたのです。

諏訪大社では仏教を意識して、「寿命の尽きた生きものは放してやっても生きられないから、いっそ人の腹の中に入って、その功徳で成仏するがよい」という『諏訪ノ勘文《かんもん》』を出し、狩猟や食肉を合理化していました。中世以来、食肉の免罪符たる「鹿食免《かじきめん》」といわれる守札や、獣肉を食べても穢れないという「鹿食《かじき》箸《ばし》」を作って教義を広め、ただ殺してしまうのではなく食べることを正当化したのでした。

野生動物の狩りは、それぞれの生活地域の食料源の枯渇を避けるため、動物の雌や子どもの捕獲は極力配慮していました。野山の動物が増えすぎてしまう場合でも、江戸時代までは狼《おおかみ》や山犬（山中の野良犬）が生息していましたし、生活を守るために必要な狩猟をするなど、自然とのバランスを取ってきました。

現在、野生の鹿や猪による農作物への被害をなくすため、多くの動物が駆除されています。平成23（2011）年度から27年度の5年間で長野県内の鹿の駆除数は18万頭に及びます。しかし、農作物への被害はなくなっていません。駆除した野生動物の命を無駄にしないよう、ジビエとしての活用が図られていますが、その活用は1％にも達しておらず、駆除されたほとんどの鹿や猪がただ処分されているのが現実です。旧石器時代以降の長い間、日本人が野生動物から受けてきた恩恵を、今まさに再認識する必要があるのではないのでしょうか。

弥生時代に入ると稲作を中心とした食物栽培が始まりましたが、安定した食生活を送れるようになったわけではありません。自然環境の変化に左右される厳しい環境のなかで、餓死する場面も十分にあったと考えられます。

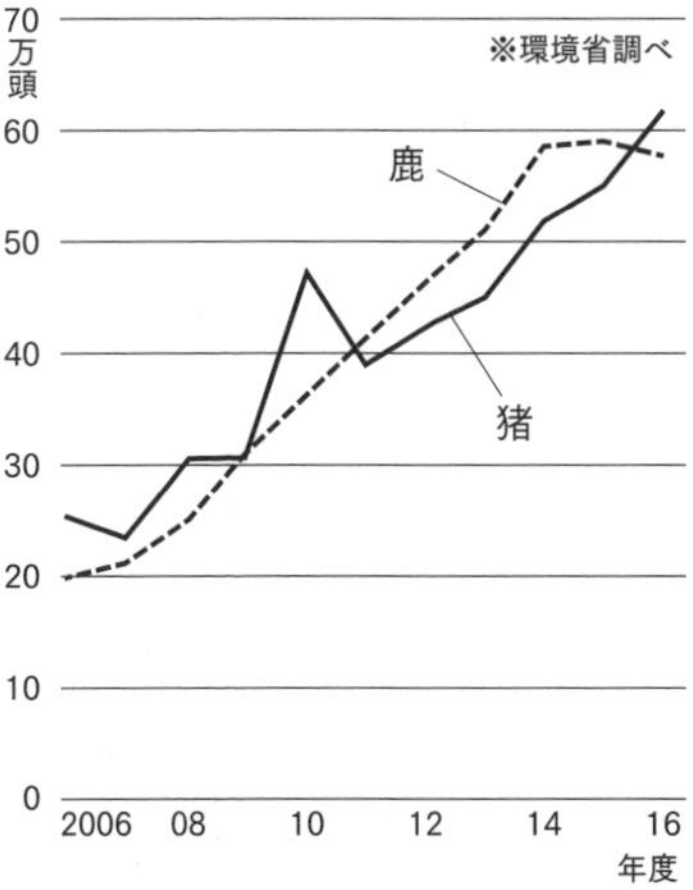

全国の猪、鹿捕獲数の推移

捕獲する動物を選び、米が実った稲穂だけを石庖丁で摘み取るなど、食物を無駄にすることなく生きるために、人々は知恵を働かせ、心豊かに協力し合い、さまざまな技術を駆使してきました。生き延びるために、食べることを必死に考えていたのです。

現在、日本の社会的要因により食べ物を

入手できない人たちもいるなかで、店舗での弁当廃棄、家庭内残飯の多さなどが問題になっています。今ほど食料に対する意識が低下した時代はなかったはずです。

近年、よく目にし耳にする「食品ロス」という言葉、これは可食可能な食品由来の廃棄物を指します。

農林水産省などによる平成22年度の可食可能な食品の廃棄状況をみてみましょう。1年間に国内に出回った食料量（国内で消費された食料量）は国内消費仕向量と呼ばれ、これは8424万tありました。

このうち、食品関連事業者が廃棄するまだ食べられる食品（規格外品、返品、賞味・消費期限切れによる売れ残り、食べ残しなど）の量は300〜400万t、一般家庭から出る食品廃棄物の可食部分（食べ残し、過剰除去、直接廃棄など）は200〜400万tと考えられ、まだ食べられる食品廃棄物、いわゆる「食品ロス」は500〜800万tに上ります。国内消費仕向量に対して、少なく見積もっても20分の1、多ければ10分の1の食品がただ無駄になっていることがわかります。

新しい地産地消をきっかけに

一般的な生活を送るのに必要な最低カロリーは、成人男性で1日約1500kcalとされています。このエネルギー量に対し、どのような労働条件を付加するかなどによって、それぞれ個人が必要なカロリー摂取は変わることとなります。平成28年度の1日1人あたりの平均供給カロリー（摂取量）は2430kcalでした。

近年の日本人のカロリー摂取量は、戦後の昭和21（1946）年が平均1448kcalと極端に少なく、栄養失調状態であったことがうかがえます。しかし、1日3食、米や季節の食材を年間通して安定して食するようになり、さらにはおやつなどの副食をも不自由なく食べられるようになった結果、平成21（2009）年には平均2645kcalとピークを迎えます。

これまで述べてきた食料自給率の低さや食品ロスの問題を考えたとき、日本人の多くが高カロリーの食材を摂取しながら、カロリーベースの食料自給率38％、国内消費仕向量の20分の1から10分の1の食品を廃棄している現実から目を背けることはできません。

日本列島に住んできた人びとの「食べる」こと、そして「生きる」ことに対する歴史を振り返り、「食」の重要さを改めて考えなければならない、非常に厳しい時代になっていることを再認識する必要があるのではないでしょうか。

農家の主な働き手だった男性が出かせぎや勤めに出て、家に残るじいちゃん、ばあちゃん、かあちゃんによって農作業が行われるいわゆる「3ちゃん農業」が増えた昭和30年代後半から、はや半世紀が経過しました。農業人口が減少し、高齢化が進行するなか、近年は地産地消が見直され、農業に従事する若年層の話題も耳にします。

土地や水利を考え、より多く米を収穫するために選択した川田条里遺跡（長野市）の古墳時代の小区画水田（長野県立歴史館蔵）

地産地消とは、地元で生産されたものを地元で消費するという意味です。最近では、単に産地から消費するまでの距離が近いことから輸送コストや鮮度を保つのに有利であるという考えにとどまらず、消費者と生産者との距離を縮め、消費者が地場産業としての農業を理解する機会にもなってきました。また、全国一律的な農産物に加え、もともと日本列島内のさまざまな気候風土に適した多種多様な農産物が見直されるようになり、地域農産物のブランド化も図られるようになりました。

長野県内でも、昭和時代に生産されなくなった地域野菜を見直す動きが盛んになっています。

県は平成30年、「信州の伝統野菜」として76種類の野菜を選定しています。地域の名前を冠した「松本一本ねぎ」（松本市）「八町きゅうり」（須坂市）「ねずみ大根」（埴科郡坂城町）「清内路黄いも」（下伊那郡阿智村）や、木曽地域の6種類の「赤かぶ」も含まれています。木曽地域では古くから標高や尾根・谷筋で特徴が異なる「赤かぶ」が生産されてきましたが、近年地域食材として見直され、「開田かぶ」「王滝かぶ」「三岳黒瀬かぶ」「細島かぶ」「吉野かぶ」「芦島かぶ」が、6地域伝統食材（ブランド）として生産されています。

地産地消の新しい動きをきっかけに、現代に生きる私たち自身に、食料自給率の向上と食品ロスの減少を推し進めていく責任があるのではないでしょうか。食に関する負の遺産を、未来の子どもたちに引き継がない責任も私たちにはあるのです。

私たちは日本列島に住み着いた祖先の時代から、列島や近海のさまざまな動植物の命をいただいて生きてきました。動植物の駆除や乱獲をしながら、食品ロスをしている矛盾について、改めて真剣に考える時代に直面しているのです。

（西山　克己）

蚕糸業の灯は消えない

かつて世界一の生糸生産量を誇った日本

蚕糸業とは、養蚕・製糸に関連する産業の総称です。かつて世界一の生糸生産量を誇った日本において、蚕糸業は基幹産業、輸出の中心産業でした。昭和初期のピーク時、全国に養蚕農家は221万戸、繭生産は約40万t、生糸生産量は約73万俵（約4万4000t）ありました。この蚕糸業の最盛期において、国内首位の座にあったのが長野県です。信州は自他ともに認める「蚕糸王国」でした。

しかし、それはもう既に過去の話、歴史上の話であって、県内各地において全盛期の面影を目にするのは難しくなっています。

日本の蚕糸業は、2000年代に入り、養蚕農家の高齢化、後継者不足により、繭生産量が大幅に減少しました。これに伴い、多くの器械製糸工場が撤退、生糸生産数量も大きく減少しました。平成29（2017）年の時点で、全国の養蚕農家は336戸、繭生産は125t、生糸生産量は339俵（約20t）。生産量に至っては、最盛期の1％未満にまで減少しています。

現代において、蚕糸業は途絶えてしまったのでしょうか。

いいえ。信州の蚕糸業はまだ続いています。

平成最後の年末となった平成30年12月、長野県内で蚕糸業を営む3社に、信州蚕糸業の現状と将来に向けた自社の取り組みを聞きました。

「糸を売る、歴史も売る」　宮坂製糸所

宮坂製糸所は、「糸都岡谷」においては比較的後発となる昭和3（1928）年創業。現在、長野県内に残るふたつの製糸所のうちのひとつで、岡谷市郷田にある岡谷蚕糸博物館に併設しています。同博物館が平成26（2014）年、リニューアルしたのを機に、博物館で工場が実際に稼働している様子を観覧できる「動態展示」の施設としての機能を併せ持つこととなりました。このような動態展示を行っている製糸場は全国でも珍しく、宮坂製糸所の取り組みは、岡谷市の観光資源のひとつになっています。

諏訪蚕糸学校野球部の生糸製ユニフォームの複製。宮坂製糸所の生糸を使用（長野県立歴史館蔵）

宮坂製糸所と長野県立歴史館には、生糸を通じた縁があります。平成25年度夏季企画展「信州の野球史」で、昭和初期の諏訪蚕糸学校（現岡谷工業高等学校）野球部が台湾遠征で着用した生糸製ユニフォームを複製し展示しました。その生糸製ユニフォームに用いた生糸が宮坂製糸所の生糸だったのです。

「『歴史を売ろう』ということはずっと考えていたんです」

同社代表取締役の宮坂照彦さんはこう話します。

宮坂製糸所が、蚕糸博物館と連携してこのような動態展示を実現できたのは、博物館への併設以前から同社が年間1000人を超える見学者を受け入れていたことにあります。「製糸の歴史を売ろう」という宮坂さんの思いや見学の実績があったことに加え、博物館のリニューアルのタイミングやコンセプトが合致したことにより、全国的にもまれな動態展示が実現したのです。

現在、製糸業を営んでいる製糸所は全国に4カ所しかありません。そのなかで、宮坂製糸所が唯一という取り組みはいくつもあります。

たとえば、諏訪式座繰機、上州式座繰機、自動繰糸機と3種の方法で繰糸ができるのは宮坂製糸所だけです。その3種の繰糸方法に対し、用いる繭を変えたりすることで、ニーズに合わせて、性質や風合いの異なるさまざまな種類の生糸を生産することができます。大量生産ではなく「少量多品種」の対応ができるのがここの強みです。

新たな取り組みも行っています。

ひとつめは、緑の蛍光色を発する繭の糸取りです。この繭は、農業・食品産業技術総合研究機構（茨城県つくば市）が遺伝子組み換えにより開発した繭です。ノーベル化学賞を受賞した下村脩《おさむ》が発見したオワンクラゲの緑色蛍光タンパク質の遺伝子を導入した蚕がつくる繭は、淡い緑色で、ブラックライトを当てると鮮やかな緑色の蛍光色を発します。この繭は、通常の煮繭の温度では色が抜けてしまうため、この繭にとっての適温である65度以下で煮なければなりません。それができる機器を持つ宮坂製糸所が糸取りを行っています。

　ふたつめは、1000デニールという極太生糸の製造です。生糸の太さ（繊度）は、27〜42デニールが一般的ですので、1000デニールという太さの糸の特別さが際立ちます。極太生糸を製造できるのも宮坂製糸所だけなのです。

　3つめは、トルネードシルクという特別な糸の開発、製造です。トルネードシルクの製造法は宮坂さんが開発しました。

　通常、糸取りは静かに温まっているお湯のなかで行うのですが、トルネードシルクの場合は攪拌《かくはん》しながら糸取りをします。普通は平行状態でくっついたまま引き上げられる糸が、繭が攪拌されることで竜巻（トルネード）のように絡み合った状態で引き

緑の蛍光色を発する繭の糸取りの動態展示を行う宮坂製糸所

上げられ、まったく違った風合い、構造をもった糸に仕上がります。トルネードシルクを用いて織られた布は、一見、麻布のようにも見えますが、触れてみるとシルクのやわらかさを持っています。

こうしたさまざまな挑戦を通して、新たな需要の掘り起こしを図っています。宮坂製糸所の生糸販売は、少量多品種対応という強みを生かして多岐に渡るため、生糸専門の問屋や撚糸業者への出荷だけでなく、シルク製品を個人でつくっている小規模な工房へも出荷しているそうです。

信州の蚕糸業は、製糸までの工程は伝統があるものの織物の伝統が他地域に比べると目立ちません。ですから、生糸の出荷先はおのずと県外に向かいます。

しかし現在、岡谷では養蚕、製糸、そして織物のすべてを岡谷で完結するシルク製品作りを目指しています。製糸は宮坂製糸所が盤石であるので、養蚕、繭づくりの動きが始まっています。織物については市民グループ「岡谷絹工房」が手織り製品の開発と技術の伝承に努めています。

宮坂製糸所が核になって「メイドイン岡谷」のシルク製品を実現させ、いつの日か岡谷を象徴するブランドのひとつを作りたい。そんな夢を宮坂さんは描いています。

「エコ生糸」で純国産品の生産に挑む　松澤製糸所

「岡谷の博物館ができた時に、動態展示の宮坂製糸所さんが入ったので、うちも負けてちゃいけないわってパンフレットを作ったりしてね、いろいろやっているんですよ」

こう話すのは、諏訪郡下諏訪町で松澤製糸所を営む松澤清典さんです。

同社も前述の宮坂製糸所と同じく、現在、製糸業を営む国内4社のうちのひとつ。松澤製糸所の創業は大正15（1926）年で、同じ県に現役の製糸所がふたつがあるのは長野県だけです。

松澤製糸所を訪ねてまず目に飛び込んでくるのは、製糸所の前に積まれた木切れなどの木質の建築廃材の山です。なぜその山があるのかといえば、同社が用いている煮繭用の湯を沸かすボイラーは、石油ではなく木質系燃料を燃やしているからです。廃材は、建設業者さんから譲り受けます。

「このボイラーがなければ、とっくに辞めていたね。親父が残してくれたボイラーのおかげで続けて来られた。1年間の燃料代が大きく違ってくるからね」と松澤さんは話します。木質系燃料によるボイラーに加え、煮繭用の水には井戸水を使っています。このため、松澤製糸所の糸は「エコ生糸」とも呼ばれているのです。

自動繰糸機の入れ替えが他社よりも遅かったことが幸いして、同社の機械は国内の製糸場のなかでは最新のものだと、松澤さんは胸を張ります。最新型の機械に更新できたことにより、繊度が細い生糸から太い生糸まで自在に生産できるようになっており、さまざまな生糸の需要に対応できる体制を整えています。

現在、松澤製糸所が力を入れているのは、蚕糸業の振興のために設立された大日本蚕糸会が取り組んでいる「蚕糸・絹業提携グループ」のなかでの生産です。

国内の生糸生産量が極めて少なくなっている今、このままでは純国産の繭・生糸の消滅が危惧される段階に至っています。国産の生糸は、外国産の絹製品との価格競争が激しく、その競争に真っ向勝負を挑めば、国産の繭価格では太刀打ちできません。国産繭の生産が継続できるようにするには、養蚕、製糸、織物、製品化、販売の各段階で利益が上がり、各段階の業者が再生産可能な価格で販売されなければならないのです。

そこで、蚕糸・絹業の維持・発展を図るため、絹製品の生産や販売に携わる関係者が手を取り合って、魅力ある純国産絹製品をつくることが、提携グループ活動の狙いなのです。

原料も製造も日本製である純国産の絹製品は、高い品質と安心感があるため、価格が高くても根強い需要があります。そのため、純国産の絹製品であることが消費者にひと目で

原料も製造も日本製である絹製品に付けられる純国産絹マーク

わかるように、「純国産絹マーク」が定められています。このマークには、繭生産、製糸、製織、染色・加工その他を誰が行ったのかなど、つくり手の顔が見える絹製品の生産履歴が書かれています。

松澤製糸所はこれまで、さまざまな提携グループを組んで、製品を提供してきました。

そのひとつとして実現したのが、「諏訪の絹」という純諏訪の製品づくりです。これは、諏訪市の山田呉服店の企画のもとに、茅野市の養蚕農家である牛山金一さんが生産した繭を使い、松澤製糸所で糸を作り、山田呉服店を通して織物業者で反物を織り上げ、着物に仕上げたものです。裾には諏訪の御柱の様子が描かれました。原料も製造も販売も諏訪で完結する「純諏訪産」の製品を実現。これも、生糸生産ができる松澤製糸所があるからこそです。

「いい糸を作るには、やっぱり原料ですよ」。松澤さんは繭への思いも語ります。

以前は生糸製造のための繭が足りない時期もあったそうですが、現在は製造する糸の量が少なくなったこともあり繭の不足はありません。しかし、養蚕農家の減少や、規模が縮小していることから、繭の品質にばらつきが出てきていることを松澤さんは懸念しています。

松澤さんは、父親が営んでいた製糸所でこの仕事を始めて50年間、製糸のあらゆる仕事をやり続けてきたことが誇りだと言います。

「だけれども、やっぱりうまくいかないことが多いですよ。いまだに四苦八苦しています」

今後、遺伝子組み換え等の技術が進んで、より品質の良い繭が安価に生産できるようなことになれば、外国産の糸とも勝負ができるのではないか。そこまで頑張れば、この仕事を次の世代に渡せるのではないか。また、2020年の東京オリンピックや2025年の大阪万博を契機に、国産生糸の飛躍につながる話が出てこないとも限らない…。松澤さんはそんな期待もにじませます。

「次の世代に渡すまでは引退できないですよ。ここまで残っただで、もうちょっと頑張らないとね」

松澤製糸所の真心を込めた糸づくりのバトンパスは、もう少し先の未来にありそうです。

これからの可能性を模索　高原社

蚕糸業といえば、生糸をつくる製糸業や蚕を育てて繭を取る養蚕業のイメージが強いですが、忘れてはいけない業種があります。それは蚕種業です。蚕種とは蚕の卵のことで、長野県には蚕の卵を製造し販売する蚕種業を営む企業が現在も続いています。昭和16（1941）年創業の松本市の高原社です。国内の繭生産量が史上最高のおよそ40万tに達した昭和初め、全国の蚕種業者数は小規模なものを含めて5000を超えていました。現在はわずか4社を数えるのみ。県内では蚕種業者としては後発組の高原社と、上田市の上田蚕種が営業しています。

「『ハイブリッド』は松本から広まったんですよ」

高原社顧問の宮澤津多登《つたと》さんは、こんな言葉から話し始めました。宮澤さんは全国蚕種協会の相談役でもあり、かつて片倉工業に勤務していた人です。

「ハイブリッド」という言葉を聞くと、ハイブリッドカー・自動車を思い浮かべる人がほとんどですが、この言葉は蚕糸業から広がった言葉です。ハイブリッドとは種や品種が異なる植物や人間を含む動物から生まれた子孫のことで、もともとは生物学の用語でした。世界で初めてハイブリッド蚕品種を実用化したのは、外山《とやま》亀太郎です。大正4(1915)年の帝国学士院賞を野口英世と同時に受賞した研究者ですが、あまり知られていません。異品種同士をかけ合わせて生まれてくる一代交雑種(F1)は生育旺盛で大きさもそろっているため、多収になることが知られていました。これを品種改良に活用したのがハイブリッド蚕品種の育成技術です。

明治35(1902)年、東京帝国大学助教授であった外山博士は1年間シャム(タイ)国に出張しました。ここで日本種とシャム種のハイブリッド蚕品種が両親より格段と多収になることを確認し、明治39年にこれを蚕種製造に応用することを提唱しました。明治44年に国立原蚕種製造所(後の蚕糸試験場)が新設されると、外山博士が招かれて品種改良の指導に当たりました。同所で育成されたハイブリッド蚕品種は大正3年から普及に移され、昭和の初めに国内の全蚕種がハイブリッド蚕品種に変わっていったのです。

このハイブリッド蚕品種が広く普及するきっかけが、信州の松本にありました。

大正3年、片倉製糸松本工場長の今井五介が長野県原蚕種製造所でハイブリッド蚕の実物に出会います。即座にその将来性を見抜いた今井は、「大日本一代交配蚕種普及団」を設立し、ハイブリッド蚕種の無料配布、生産繭の全量買い取りを行ったのです。いわばハイブリッド技術、バイオテクノロジーの産業利用第1号だといってよいでしょう。

大正期に導入されたこのハイブリッド技術は、今なお基本原則の技術として高原社の蚕種製造で用いられています。よいハイブリッド蚕種を製造するには、その元になる原種が必要です。日本種と外国種（中国種）それぞれの原種です。優れた原種を保っていくことを、蚕種業では「系統保存」と呼んでいます。よいハイブリッド蚕種を作り続けていくためには、原種が完全な状態で維持されていなければなりません。

系統保存していくためには、最低でも1年に一度、その原種を卵から孵《ふ》化して、蚕を飼い、再び卵を産ませるまでのサイ

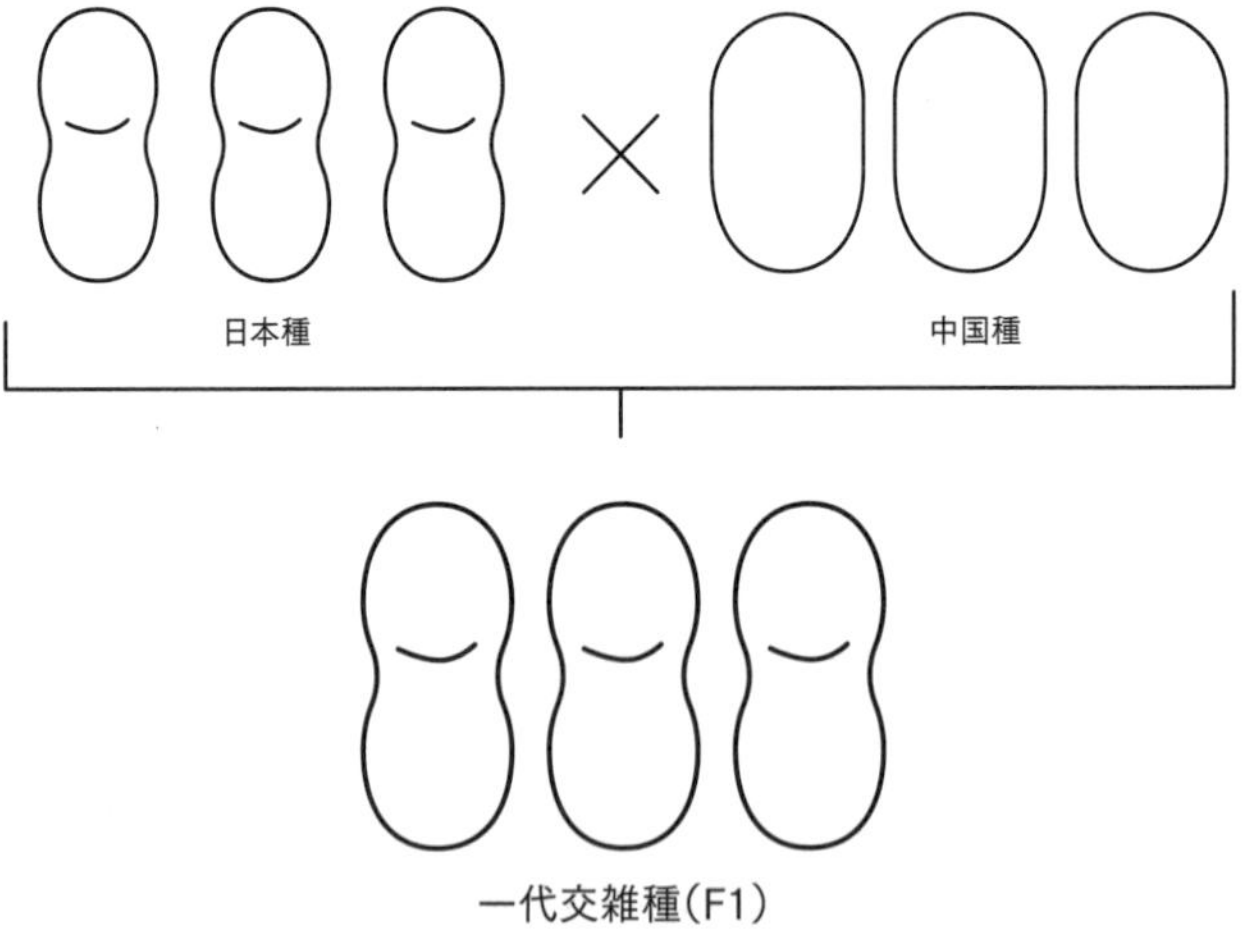

日本種と中国種の蚕を掛け合わせてできる一代交雑種（F1）の繭は、両親の特長を引き継ぎつつ、形がそろう上に大きくなるため、生糸生産に有利

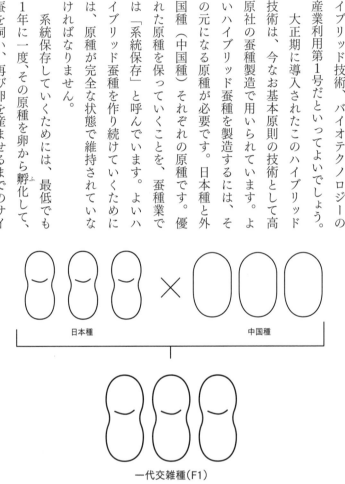

クルを実施する必要があるので、大変手間がかかります。

高原社では、他社や研究機関が持っていない原種を数品種、系統保存し続けています。「系統保存が会社の使命ですね。高原社はしっかりした系統保存をしているのが強みです」と宮澤さんは強調します。


取り扱い量が少なくなったとはいえ、蚕種は製糸につながる養蚕への供給が主であることに変わりはありません。高原社の蚕種は関東方面、特に現在でも養蚕が盛んな群馬県への出荷が多いといいます。

近年は、養蚕以外のところで蚕や繭の需要が生まれています。蚕や繭の持つ機能性が解明され、それぞれの機能を生かした新しい製品の開発が進められているのです。動物実験に対する倫理的配慮として、蚕を代替として用いるケースもあります。また、国内の研究機関では、バイオテクノロジーを利用し、機能性を有する糸を吐く蚕品種や蚕による有用物質の大量生産技術についても研究開発が行われています。

蚕の吐く糸は、セリシンとフィブロインというタンパク質で構成されています。蚕の持つ優れたタンパク質合成能力を生かして、医薬品分野、化粧品分野で、遺伝子組み換え技術を蚕に応用しての研究も進められています。このような研究に蚕種や蚕を提供するという需要に応えることも、高原社の使命なのです。

現在、需要減の影響により、製糸原料としての繭の価格は低迷しています。しかし、新たな分野で特別な蚕や繭の需要が高まり、価格が向上していけば、まだまだ蚕種業にはチャンスがあると高原社は考えています。

宮澤さんは言います。「なんといっても蚕は平和産業ですから。外国に行って話をするときにも私は話をここから始めるんですよ。『蚕は天から授かった虫だ』と」。蚕種製造業者は減ってしまいましたが、新規開発を続けてきた蚕種製造技術、蚕の育成の技術など、過去の経過や過程を見返すたびに、何かしら改良する部分が出てきます。それを生かしていけば、蚕種業も捨てたものではないと宮澤さんは考えています。

「蚕種製造をし、蚕を農家に飼ってもらって、シルクの製品になるまでには、ずっとたどっていくだけでも相当な数の人の手を伝わっています。その過程のなかで、人が働ける場所はとても多いと思うんですよね」。常務取締役の草間幸男さんも、蚕糸業が多くの仕事を生み出す利点について、力強く語りました。


高原社では新規開発商品として「カイコ飼育セット」を通信販売しています。蚕種から孵化後2回脱皮をした3令の蚕の幼虫20頭と飼育箱、人工えさ500g、まぶし（マユを作る巣）をセットにしたものです。

こういうセットが販売できるようになったのは、平成11（1999）年に蚕糸業法が廃止されたことがきっかけです。それまでは同法の規制により、蚕種や蚕を自由に販売することはできませんでした。カイコ飼育セットを販売しているのは、全国でも高原社だけです。

「昆虫でこれほど研究しつくされた生物はほかにいないんじゃないでしょうか。蚕はすべて計算通りに成長していきます。卵、幼虫、蛹《さなぎ》、蛾と短期間で完全変態をします。昆虫の素晴らしい成長の経過が見られるんです」と草間さんは力説します。

蚕が、卵から孵化したばかりの時の重さは0・0004gです。成長し、4回の脱皮をした5令になると4～5gになります。宮澤さんは「蚕が5令になるまでにおなかに入れる桑は20～25gくらいです。そんな蚕がわずか25、26日で1万倍の大きさになるのですから、こんなにいい教材はほかにはありません。桑という植物がいかによいか、優秀かということでもありますね。こういう優れたところを見直せば、まだまだ蚕糸技術というのは、いろいろ生きてくると思っています」と話します。

蚕糸業がこれまで培ってきたさまざまな技術や財産の活用法を探り、実施していく――。高原社では今もなお、蚕糸業の可能性を模索し、広げているのです。

いまも続く蚕糸業の灯

現在の蚕糸業に、蚕糸王国信州といわれていたころの圧倒的な存在感はありません。この時代には望むべくもないでしょう。

しかし、その灯を絶やすまいと、今もそして未来も蚕糸業を継続していこうという熱い思いは、長野県内で蚕糸業を営む各社の話のなかから受け止めることができました。

かつての隆盛により、蚕糸業の技術は大変高い域にまで到達しています。この技術が一度でも途絶えたら、復活は難しいでしょう。各社ともその技術の継承を図っているのです。繭・生糸の生産が国内から失われてしまえば、つまり、蚕糸業が途絶えてしまえば、日本の和装文化も基盤を失うことになります。今後とも、和装文化の基盤を国内に残すためには、国内の蚕糸業が規模は小さくとも産業として存続し、技術を後世に伝えていくことが必要です。

蚕糸業が産業として続いていくためには、非衣料分野の新素材としての絹タンパク質の利用など新しい用途への利用や、今後に期待される革新的技術の開発も視野に入れ、他産業との連携により、蚕糸業を蚕、繭、生糸が持っている多様な機能を利用する産業として展開していくことが重要になるでしょう。

そして、かつて蚕糸王国だった信州の蚕糸業の歴史を売る、という視点を持ち込む余地も大いにありそうです。

信州の蚕糸業の灯はまだ消えていません。消すわけにはいきません。（山田　直志）

ものづくりの進化は続く

須坂とSONYのつながり

昭和20（1945）年10月、須坂町（須坂市）にあった日本測定器の常務だった井深《いぶか》大《まさる》は、一大決心して上京し、新たな会社を立ち上げることを発表しました。まずはラジオの修理と改造を手掛ける「東京通信研究所」を、翌21年5月には「東京通信工業」を創業します。この東京通信工業こそが、戦後、日本のものづくりを代表するトップ企業のひとつとなるSONYの前身です。SONYと須坂につながりがあることは意外に知られていません。

昭和初期まで、須坂町や諏訪・岡谷地域など長野県の蚕業地域は、アメリカへの生糸輸出で賑わいを見せていました。最盛期には800を超える工場があり、当時の全国生糸生産量の約3割を長野県産生糸が占め、県内の工業生産額の約8割が生糸だったほどです。

しかし、昭和4年に始まった世界恐慌を経て、生糸価格が暴落すると、県内をはじめ日本の多くの製糸工場が経営危機に陥りました。さらに、昭和13年にアメリカでナイロンが開発され、世界的に生糸生産が過剰となります。そのため、ほとんどの製糸工場が淘汰され、統合されていきました。

長野県はこうした状況を受けて、県全体の産業構造を養蚕・製糸中心から工業中心への転換を図るため、航空機部品、光学機器、通信機器、バルブなどの大工場を県内へ誘致する方策を取りました。さらに昭和16年に太平洋戦争が始まると、アメリカ軍機の大都市空襲に伴い、軍需工場の分散化が国の主導で進められるようになりました。

昭和17年6月に「工業規制地域及工業建設地域ニ関スル暫定措置要綱」が策定され、長野県では岡谷、塩尻、松本周辺を我が国最大の工業地帯にし、その他の地域でも分散的に工場を誘致することが決められます。育成すべき工業として、航空機器、電気機器、通信機器、精密測定器、光学機器などが挙げられました。この結果、県内への工場移転は加速度的に増加し、昭和17年には43工場だった県内の主要な軍需工場は、2年後の昭和19年には112工場へと急激に数を増やしていったのです。

井深のいた日本測定器は昭和18年、アメリカ軍の空襲を逃れるために、須坂町相森《おおもり》地区にあった霜田製糸工場の跡地に疎開した企業です。須坂工場は航空無線機や機密会話を漏

昭和 19 年の日本測定器須坂工場職員と須坂高等女学校の生徒たち（長野県須坂東高等学校蔵）

らさないための電話防諜《ぼうちょう》装置、音叉《おんさ》（潜水艦探知機）などを製造し、製糸業で培われた精密な作業を得意とする工女など地元から78名もの社員が雇われたのです。

この年の11月、閣議で「女子勤労動員ニ関スル件」が決定されます。男子労働者不足を補うために女子挺身《ていしん》隊が設置され、さらに翌19年には学徒動員が決まって、女子学生が通年で勤労動員されるようになりました。

校舎が日本メリヤスの工場となった須坂高等女学校（現須坂東高等学校）では、全校の女学生が航空機用防寒帽の製造を行うようになりました。日本測定器は昭和19年1月、女学生14人を東京・勝関《かちどき》にある本社へ派遣するように同校に要請しています。須坂工場の指導者を育成するためだったといい、彼女たちは本社で毎日電子工学を学び、最後はラジオの組み立てまでできるようになりました。研修後、須坂工場に戻った彼女たちは、もともと霜田製糸工場で働いていた工女たちに対し、音叉製作の技術指導をしました。こうした日々は終戦の玉音放送のあった昭和20年8月15日まで続いたのです。

ちなみに、日本測定器須坂工場のあった場所には現在、須坂市立相森中学校があります。昭和22年、新制中学として須坂町立須坂中学校が生まれましたが、校舎が手狭だったため、翌年、相森中学校と常盤中学校の2校に分離され、移転しました。須坂町が町民からの寄付を得て、日本測定器須坂工場の跡地を買収し、相森中学校の校地となったのです。

構造転換のタイミングとその背景

長野県への疎開企業は、日本測定器だけではありません。

須坂を見渡すだけでも、同町穀町にあった田中製糸場跡で操業していた富士通信機製造は、同製糸場の工女を中心に５４５名もの工員を雇い、軍事通信機械や部品を造っていました。これは現在の富士通です。須坂の製糸王で電力王だった越寿三郎《こしじゅさぶろう》が明治18（１８８５）年に創業した俊明社（後の山丸組）は、世界二大製糸工場のひとつとして名を轟かせていましたが、やはり昭和恐慌で没落。工場跡は疎開企業の東亜軽飛行機によって使われました。

須坂以外の地域を見てみましょう。

政府の航空機増産の方針のなか、東京石川島造船所と芝浦製作所が共同出資して昭和17（1942）年に設立されたのが、石川島芝浦タービンでした。長野県内には松本工場はじめ、辰野、木曽、伊那に工場を設置しました。特に松本工場は昭和19年、県蚕業試験場を転用したもので、航空機用タービン翼などを製造していたことがわかっています。これが現在の石川島芝浦機械の前身です。

また、辰野工場は諏訪片倉製糸との

双眼鏡のレンズを磨く工員。昭和31年、岡谷市にて。戦後の精密機械工場では元製糸工女が大いに活躍した（信濃毎日新聞社蔵）

共同出資で出来た工場でした。

製糸工場の工女たちが良質で豊富な労働力であったとすれば、日本で初めて器械製糸が導入され、随一の製糸王国であった諏訪・岡谷地域に、企業誘致が行われなかったはずはありません。

諏訪市で山崎屋時計店を営んでいた山崎久夫が昭和17年、東京の服部時計店ウォッチ製造部門であった第二精工舎の出資を受け、設立した大和《だいわ》工業が、翌18年に諏訪市に疎開してきた第二精工舎と協力して生産を始めたのが、現在のセイコーエプソンの始まりでした。同社の本社が諏訪にあるのはそのためです。

国産顕微鏡の製造とカメラレンズの開発を行っていた高千穂光学工業（現オリンパス）が、諏訪郡長地村（岡谷市）と伊那町（伊那市）の製糸工場を買収して、自社工場を設立したのは昭和18年から19年にかけてでした。

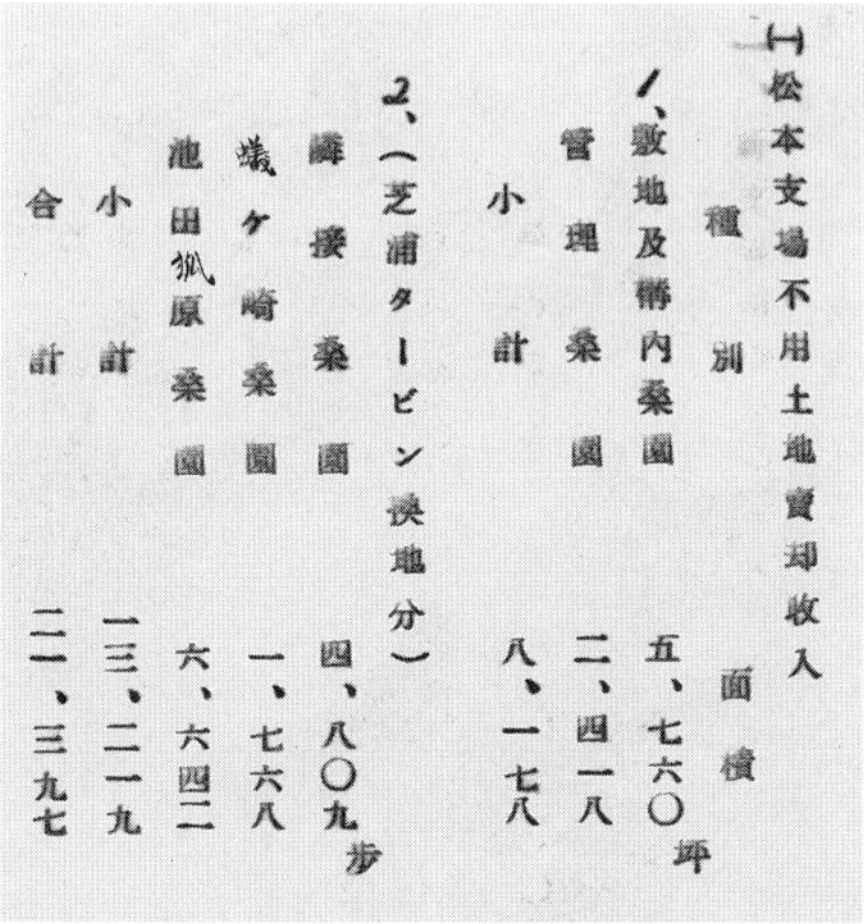
㈠松本支場不用土地賣却收入

種別	面積
1、敷地及構内桑園	五、七六〇坪
管理桑園	二、四一八
小計	八、一七八
2、（芝浦タービン換地分）	
隣接桑園	四、八〇九歩
蟻ヶ崎桑園	一、七六八
池田狐原桑園	六、六四二
小計	一三、二一九
合計	二一、三九七

石川島芝浦タービンに県蚕業試験場農地が売却され工場となったことがわかる長野県行政文書（長野県立歴史館蔵）

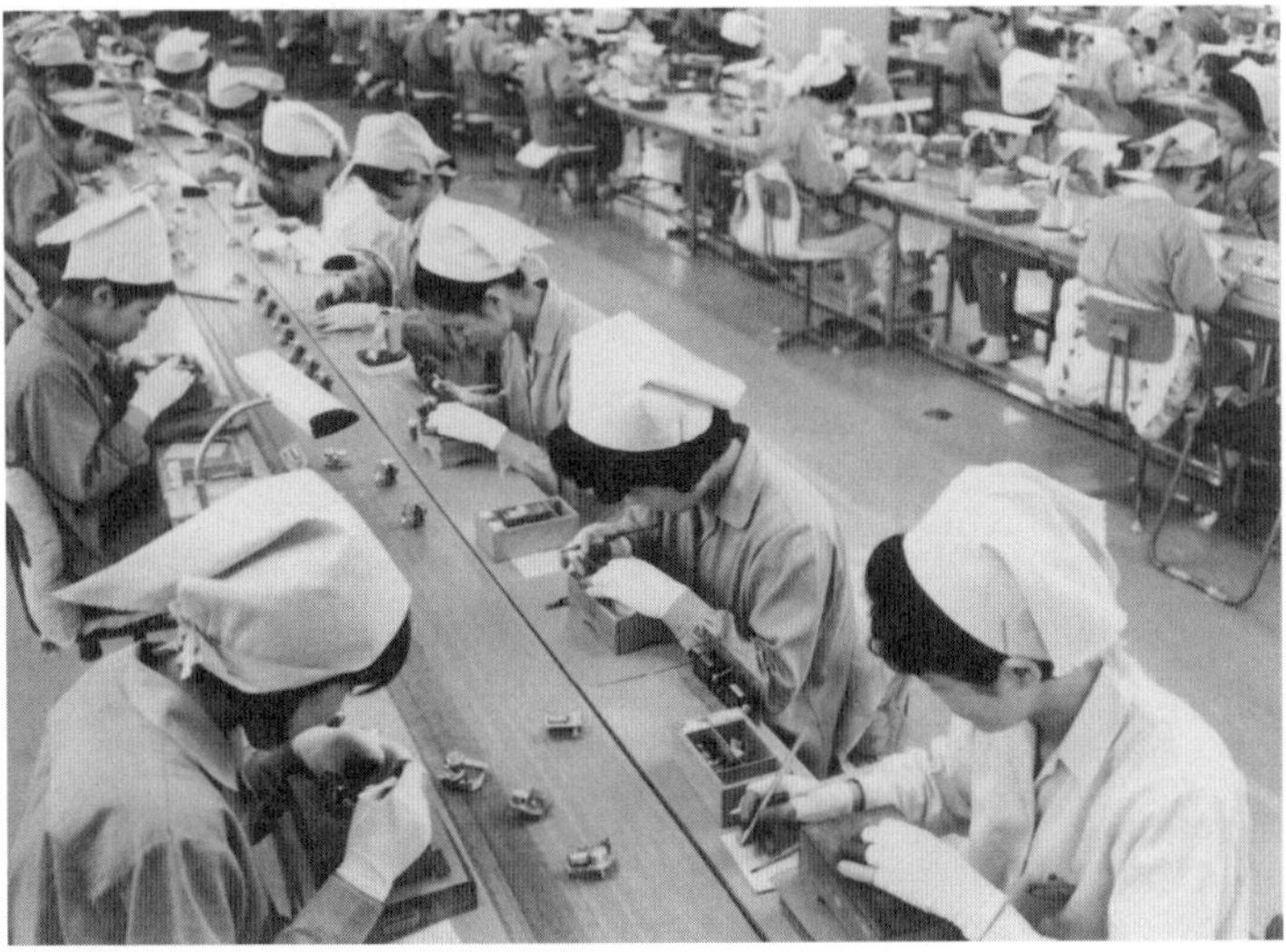

三協精機のオルゴール組立工場。戦前の製糸工場での豊かな技能を生かし、戦後は数多くの女性が精密機械工場で働いて長野県の製造業を支えた（長野県立歴史館蔵）

なかには、自ら転身を図った企業もあります。明治9年創業の生糸製造の東英社（現日東光学）は、昭和18年にカメラのレンズ加工という同社にとっては未知の分野へ方向転換します。現在はカメラだけでなく、光学関連機器を製造しています。

このように昭和恐慌以降、長野県への工場移転を勧めるメリットとなったのは、長野県経済が製糸業の衰退という深刻な事態を受け、産業構造の転換を図っていたことが挙げられます。また、製糸工場で培われた優秀な女性労働力の存在、水力発電で全国一の発電県であったという利点、さらには高地で清涼な気候、豊富な水などがあり、精密機械を製造する環境としては恵まれていたことも理由でした。太平洋戦争末期、多くの疎開企業が長野県へ移ってきたのも、こうした要因が大きかったことがわかります。

信州発の技術を生かす新たな分野

戦後の混乱のなか、疎開企業の多くは東京や横浜など京浜地域へ戻っていきました。しかし、一部企業は、高地で冷涼な地の利を生かして、長野県で生産活動を続けます。戦時体制が終わると、平和産業のなかでも家庭生活に直結する電気、機械などの製造業が躍進します。

特に諏訪地域は精密機械工業の先進地へと発展を遂げました。精密機械の製造に必要なきれいな水と空気に恵まれていることも相まって、「東洋のスイス」と呼ばれるようになります。時計産業に代表される精密機械の集積地である本場スイスを席巻するほど、諏訪・岡谷の全域にはいまも、先端技術による精密機械産業が集まっています。

そのもとにあるのは、明治から昭和にかけて、製糸業で培われた高いものづくりへの意識や技術であると言っていいでしょう。この技術はその後の長野県の産業を大きく支えてきました。

現在のオリンパスや京セラ長野岡谷工場をはじめ、かつてはヤシカ（岡谷市）、岡谷工学機械（岡谷市）、チノン（茅野市）などカメラレンズメーカーの多くが名を連ねていました。オリンパスのカメラの多くは長野県産です。諏訪地域だけではありません。レンズメーカーのコシナ（中野市）、ＣＣＤカメラによる無線カプセル内視鏡を開発しているアールエフ（長野市）など、県内に精密レンズの技術を得意とするメーカーが広がっています。

長野県には富士通や三菱電機のほか、イーヤマ（長野市）などコンピュータ関連メーカーの工場も多くありました。しかし、２０００年ごろから起こったＩＴバブル崩壊による不況や生産拠点の海外移転などによって、工場の撤退や縮小が相次ぎました。この影響は現在も深いものがあります。


高い技術に裏打ちされてきた信州のものづくりについて、危機感を持つ地域や企業はこれまで培ってきた技術を新次世代へ継承しようとする取り組みを始めています。新たな分野を積極的に切り開こうとする動きも進んできました。

平成14（２００２）年から始まった「諏訪圏工業メッセ」は、諏訪地域6市町村を中心に金属、電気、光学などに関わる４００社以上が出展する、国内最大級の地方工業専門展示会のひとつです。工場用機械やカメラ光学製品はいうまでもなく、近年では先進医療、環境、エネルギー分野など、世界が直面しているグローバルな課題に取り組む企業も目立っています。信州のものづくりの伝統を生かした、新たな産業へのチャレンジといえます。

信州大学特任教授で、自らカーボンナノチューブを発見し実用化にこぎつけた遠藤守信は、「世界で一番いいものは一番よく使われる、という時代に〝国境〟というバイアスはかからない。日本という市場を考えるのではなく、中小企業であっても70億人のグローバルマーケットを前提に開発する時代。そのためには世界に通ずる開発力や技術力を磨くべきだ」と主張しています。いま世界で何が必要とされているのかという視点こそが、ものづくりには必要だということです。

長野県内のものづくり企業が、県内外の大学や地域と協同する動きが広がっているのも、新たなチャレンジとして注目すべきことがらです。

たとえば飯田市は平成29年、航空機システム技術をテーマに信州大学との共同研究講座を設置しました。伊那地域には多摩川精機（飯田市）やＫＯＡ（伊那市）をはじめとする精密機械企業が集積しています。多摩川精機は平成27年に、初の国産小型ジェット機として名をはせた「ＭＲＪ（三菱リージョナルジェット）」の操縦桿や翼の動きを測定するセンサーなどを製造、供給しています。

ミネベア（北佐久郡御代田町）も、これまでの航空機向け精密機械の製造技術を生かし、堅固で高精密さを要求される宇宙ロケット用圧力センサーの量産に成功しました。諏訪地方6市町村と信州大学などが取り組む「SUWA小型ロケットプロジェクト」も進行中です。

信州のものづくりの技術は、戦前の製糸業から戦後の精密機械への転換と同様に、戦後の精密機械の技術を継承し、航空・宇宙産業へと新たな一歩を進めようとしています。たとえ産業構造が転換しても、それまでの技術の素地を活用しながら時代の先を読み、次のステップを踏み出してきた先人たちのチャレンジ精神をも受け継いでいるのです。

信州のものづくりは進化し続けています。「下町ロケット」ならぬ、高いものづくり技術を集大成した「信州ロケット」が宇宙に飛び立つ日のことを思うと、いまから胸がわくわくします。

（村石　正行）

青緑色のぬくもりを未来へ

庶民の暮らしを支えた松代焼

やや肉厚で、表面に掛けられた釉薬が青緑色に発色し、ところどころ虹のようなやわらかな光彩を放つ――。長野駅ビルや善光寺門前、観光地小布施の土産物店には、そんなぬくもりを感じる茶碗や湯飲み、コーヒーカップなどの陶器が並んでいます。これは松代焼と呼ばれ、現在の食器の主流となった、白く硬質な磁器と異なり、厚手でやわらかな手触りと、そこに盛られた食材のぬくもりさえも想像してしまう陶器なのです。

店頭に並ぶ松代焼の器の数々。あまかざり工房（長野市）にて

松代焼の歴史は、唐津で陶芸を習得した陶工の嘉平治が松代町寺尾の名雲《なぐも》に窯を築いたことが始まりだといわれています。江戸時代後半の文化13（1816）年、7代藩主真田幸専《ゆきたか》のころ、物産担当家老の恩田民祇のもと、新しい焼き物開発に松代藩が投入した資金は計500両にもなる多額のものといわれます。松代藩の当時の財政を見てもかなりの力をかけていたことがわかります。

ちなみに、7代幸専は彦根藩主井伊直幸《なおゆき》の四男で、松代藩真田家に養子として迎えられた藩主でした。彦根藩には井伊直弼《なおすけ》が藩の財政改革のひとつとして力を入れていた湖東焼があります。桜田門外の変で井伊直弼が横死するとともに衰退しましたが、湖東焼復興推進協議会が昭和61（1986）年に復興しています。

松代藩が藩窯として、松代焼生産を擁護していた当時の様子を知ることができる資料が、松代藩の御用商人だった八田家から見つかりました。この「八田家文書」の「文化十四丑六月より十二月迄　陶器請取覚」を見ると、茶碗、皿、瓶、鉢などの日用品を多く作っている様子がうかがえます。松代焼は松代藩に献上する御庭焼的なものというよりも、庶民の暮らしを支える食器であり、たくさんの消費者に販売しようとしていたと考えられます。

この動きを発端として、江戸時代から明治時代にかけて、上水内郡飯綱町、須坂市、長野市、千曲市では21の窯が連動するように操業していました。長野盆地から須坂盆地にかけての千曲川沿い一帯は、〝焼き物銀座〟と呼べるかのように操業していきます。

遠い佐賀県有田の地で始まった有田焼や愛知県の瀬戸焼、岐阜県の美濃焼など、大生産地から届けられる陶磁器は、当時の人の憧れの器だったのかもしれません。そもそも有名産地の陶磁器は、遠ければ遠いほど、また重くて大きいものであるほど、生産地から消費地までの輸送費、破損防止などの運搬の苦労が伴うために高価なものでした。北信地域の21の窯で作られた日用品は、多くの人の暮らしを支えていたと考えられます。

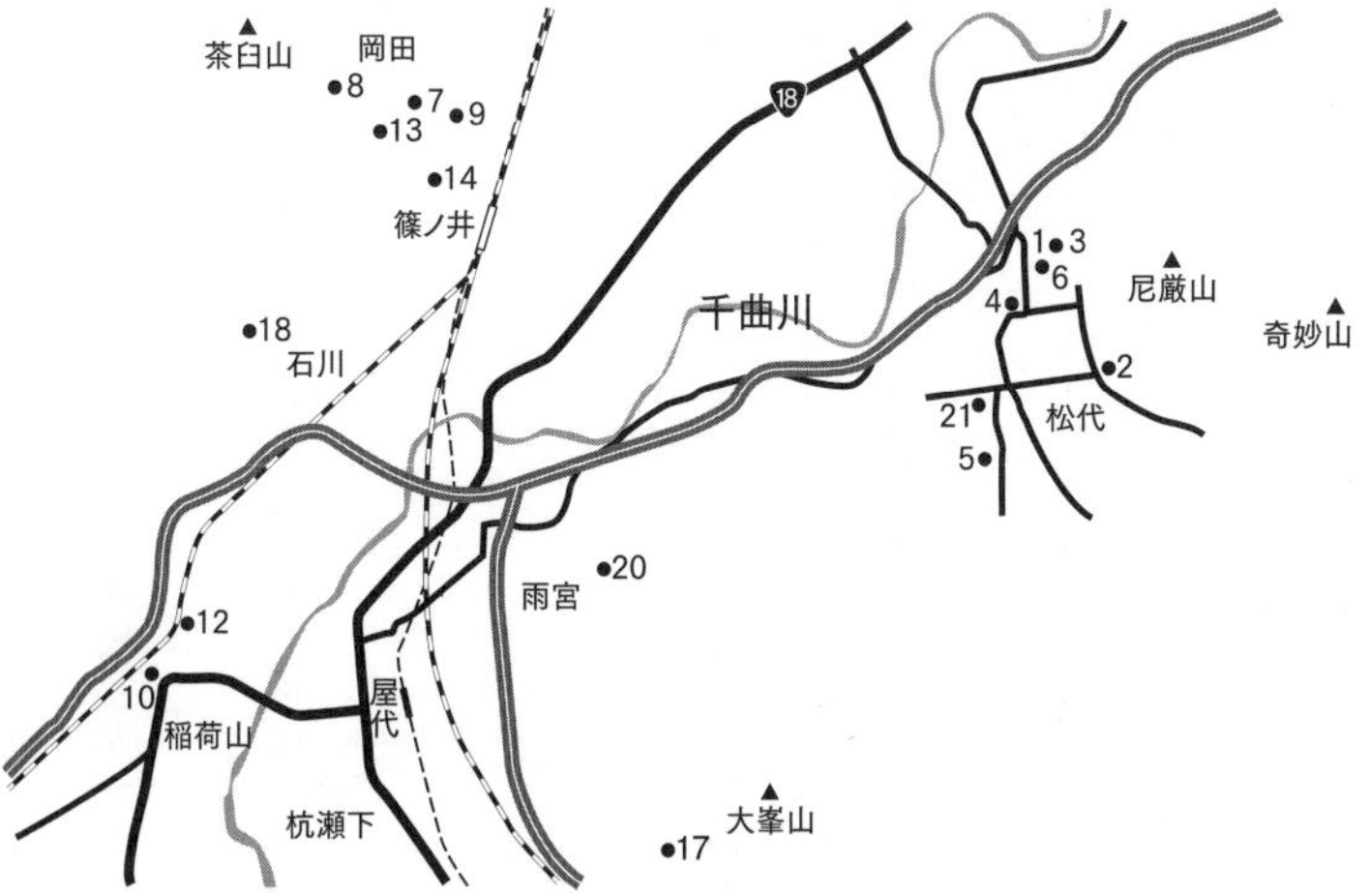

千曲川沿い一帯の21窯の一部（『信州松代焼』の地図を元に作成）
（1・3寺尾嘉平治窯、寺尾名雲窯、2天王山窯、4荒神町窯、5代官町窯、6寺尾山根窯、7岡田南町窯、8岡田新田窯、9岡田大門窯、10桑原窯、12長谷窯、13岡田払沢窯、14五明窯、17森窯、18石川窯、20雨宮窯、21原製陶所）

しかし、明治に入って信越線や中央線が開通するにともない、大製陶地から安価で大量の陶器や磁器があっという間に流通し始めます。これらの流入に拍車がかかるのに呼応するように、21の窯は次々に廃業していきました。

一番最後まで操業を続けていたのが、千曲市桑原元町の米山窯で、昭和27年の窯炊きが最後となったことはよく知られるところです。

〝焼き物銀座〟と耐火土の存在

焼き物の元祖である縄文土器は、自然にとれる土（粘土）を原材料にしていました。長野県内で出土した一番古い縄文土器は、今から約1万6000年前の貫ノ木遺跡（上水内郡信濃町）から見つかったものです。縄文土器は自然のたき火を利用しながら野焼きするため、焼成温度は高くても900度ほどでした。

しかし、登り窯で焼き上げる陶磁器は1200〜1300度の高温に耐えられる土の調合などが必要です。千曲川右岸にある屋代遺跡群（千曲市）から見つかった縄文土器群は、今から約2000年前から始まった陶器づくりの素材となる白土も使っていた可能性が高いことが、長野県立歴史館の水澤教子の胎土分析から解明されています。千曲川左岸の山々

長野市安茂里小市付近から眺めた裾花凝灰岩の白土

に見られる長野盆地西縁断層帯に由来する裾花凝灰岩の白土です。

長野盆地の西側から北側の山々のところどころに、白っぽい地肌が見えています。私が小学生の時、山の中腹に夏でも消えない雪があるのはどうしてだろうと話題になり、友人が代表で確かめに行ったことがありました。ここは縄文土器にも使われていた裾花凝灰岩が露出している場所で、その友人も「あれは、白い土だった」と戻ってきました。日常生活のなかで目にするなかでも、子ども心に不思議な光景だったことを思い出します。

松代焼の職人、宮崎知幾《ともき》さんによると、松代焼の素材のうち､耐火土になるのがこの白い土。長野市篠ノ井有旅や柳沢周辺の白い凝灰岩由来の土は粘りが少ないため、地元松代の水田の下の粘土と裾花凝灰岩由来の土を半分ずつ混ぜ合わせて使っているそうです。

長野県行政文書『明治十二年陶磁器一件勧業課』（長野県宝）「陶器製造法調」に、長野県勧業課に対して埴科郡松代町（長野市松代町）浦野駒吉が「一　調和スベキ粘土の各分量　右者開炭坑場海善寺赤土六合　更級郡柳沢白土各二味ニテ製造市候」と報告した記録があります。千曲川を挟んで位置する長野市篠ノ井柳沢産の白土と、松代西条の海善寺付近の土を調合していると書かれており、現在の陶器原料の土の調合に引き継がれてきたことがわかります。

そもそも焼物を原材料で大別すると、自然にとれる土（粘土）で作る土器と、よく固く焼き締め、給水性のない備前《びぜん》焼、信楽《しがらき》焼、常滑《とこなめ》焼等の炻器《せっき》、締め焼き後に釉《うわぐすり》をかける陶器、陶石と呼ばれる白い石を粉砕した粉に水を加えた粘土を使う磁器に分かれます。

佐賀県西松浦郡有田町泉山にある泉山磁石場（国史跡）は、元和２（１６１６）年、朝鮮から来た陶工の李参平が日本で初めて陶石を発見したと伝えられる場所です。この発見により、国産磁器（白磁）の有田焼が約４００年前に誕生しました。

有田周辺で焼かれた磁器は、伊万里津（現在の伊万里川河口付近）から船で出荷されるようになったため、伊万里とも呼ばれるようになります。17世紀ごろのヨーロッパでは、中国や日本の有田からの磁器が貴重品でした。ドイツでヨーロッパ初の硬質磁器窯「マイセン」が誕生したのは、1710年のことで、現在、高価で美しいデザインで知られるマイセンも、日本の有田焼から大きな影響を受けていたのです。

平成29年から30年にかけて、坂城更埴バイパス建設に伴って長野県埋蔵文化財センターが行った発掘調査で、長谷鶴前《はせつるさき》遺跡群（長野市）の長谷窯の工房跡から、轆轤《ろくろ》の台と軸棒を固定する轆轤台石が見つかりました。重さ約70kgと約93kgもある石がふたつ、並んで発見されたのです。陶工がふたり並んで作陶していた様子が目に浮かびます。長谷窯を築いた宮崎清右衛門の子孫は、今でもほぼ当時の場所に居を構えており、地元では「かめや」という屋号で呼ばれています。

口が幅広く、胴部分が丸く、深くて大きな器のことを「甕《かめ》」と呼びます。今ではプラスチック製などに変わってしまいましたが、昔は茶色の鉄釉が施された陶器の甕が一般的で、「かめや」の名の由来がわかります。この発掘で出土した陶磁器や窯道具などから、当時の窯の実態の解明が期待されます。

釉薬にも裾花凝灰岩

陶磁器の個性を表すのは、染付けと釉薬の色です。松代焼は基本的に染付けはせず、釉薬の青緑色が特色です。

陶器、磁器ともに素焼きを経て、本焼時の前に釉薬をかけます。釉薬の色は一般的に、白色（わらを混入）、黄色、茶色（鉄釉）、青緑色（銅を混入）などがあります。江戸時代から明治時代にかけて、長野盆地を中心とした〝焼き物銀座〟で作られた多くの民窯には、こうした色彩の陶器が多く見つかっています。今の松代焼は青緑色の釉薬ですが、当時、この青緑色は一種の流行になっていたのかもしれません。実際、窯がある生産地以外の消費地に入ってしまうと、どの地域でつくられた器なのか、肉眼での区別が難しくなってしまう事情もあります。

釉薬については、前述の長野県勧業課への報告で、次のように記されています。

①埴科郡松代町浦野駒吉

一、釉薬之成分及製法　赤薬　埴科郡寺尾村字毛ナシ山赤土壱升大麦柄ノ灰一升

更級郡石川村ノ土五合　白薬　上水内郡小市村山ノ土　壱升　灰壱升　藁灰四合
青を薬　白薬調合シタル品壱升二銅バ子目方拾匁　モミヌカノ灰4合
②松代町加藤信太郎
白薬　上水内郡小市村山ノ土壱升　灰壱升　藁灰四合
③更級郡岡田村　米山直治
焼薬製法　水内郡小市村岡田伴右エ衛門製スル白砂ヲ本石トナス　右一升　アク灰三升三合
④上水内郡吉村岡田嘉平治
一、薬ノ調合　赤薬　松代字ケナシ赤土一升　川中島石川ノドロ六合　紺屋ノアク六合　白薬　小市村白土壱升　紺屋ノアク一升

こうしてみると、当時から釉薬にも、長野盆地西縁断層帯に由来する裾花凝灰岩の長野市安茂里小市産白土が主体として使われていることがわかります。この白土には長石《ちょうせき》の成分が多く、釉薬に適していたためです。

小市産の白土は、塚田佐《たすく》元長野市長の実家でもある長野白土産業で、台所などで使われる磨き粉（クレンザー）や農薬の展着材（薬剤が付着しやすくするもの）用として採取、

出荷されていました。釉薬の原材料としても、当時15kg1000円ほどの価格で売られていたようです。

白土が使われていたとなると、もともと松代焼は今のような青緑色だったのでしょうか。磁器の白い色は、盛り付けた料理の彩りを浮かび上がらせます。磁器をつくるための原材料が採取できない土地柄ならばと、白くなる釉薬をかけたのでしょうか。

窯の温度が高く、青緑色が茶色く変色した松代焼の器の縁と宮崎知幾さん（あまかざり工房にて）

松代焼を継承してきた宮崎さんによると、松代焼は土が黒っぽいため、本来は白くなる釉薬をかけるのが基本だったようで、「器は白い方がきれいですし、料理を盛っても映えるので、白い焼き物を目指したのでしょう。ただ、焼成温度が高いと青緑色になることがあり、これが意外と人気が出たのではないかと思います」。

しかし、温度が高いと釉薬が器の下まで流れ落ち、器が台にくっついて商品にならないため、窯の温度を高くしすぎないようにしていたといいます。そのため、大部分は白く焼き上がるので、当初の松代焼きの多くは白い陶器だったと思われ、宮崎さんは「そのうち

1割から2割が青緑に発色して、人気が出たのではないか」と話します。

また、窯の中では全体を均一の温度でゆっくり上昇させていくことが重要であるため、連房式窯では8割が製品になれば良い方で、半分が失敗作になることもしばしばあります。江戸時代の釉薬の配合方法は、原材料の白土などを水に溶かし、柄杓《ひしゃく》ですくって何倍といった程度に調合していたため、発色をコントロールするのが困難でした。「今は、乾燥の状態で調合して発色を試験しているので、色合いのコントロールが正確にできる」と宮崎さんは胸を張ります。「もともとの松代焼は白かった」のは、40年間の陶器づくり研究からの成果からも考えられるとのことでした。

ブランド復興への道

一度途絶えた松代焼を復興したのは陶芸家の唐木田又三です。

中学校の美術教師をしていた唐木田は、昭和30年代後半、途絶えていた松代焼の復活を志します。昭和47（1972）年に教員を退職、研究を重ねながら、長野市篠ノ井に登り窯を築き、技術復元に成功しました。陶芸家として活躍し、復興松代焼とも呼ぶ現在につなげたのは大きな功績です。初代唐木田又三の志は現在、2代目が守る唐木田窯、宮崎さんのあまかざり工房、松代陶苑、東山陶苑などの窯元で引き継がれています。

あまかざり工房の宮崎さんが初めて唐木田窯の見学に行った昭和50年ごろ、ちょうど人手が欲しい時と重なっていた初代又三に「1週間手伝っていかないか」と誘われ、「気がついたら10年が過ぎていた」と微笑みます。現在の陶芸は作り手個人の独自性を尊重する風潮が主流ですが、古来の焼き物の継承の中に「自分らしさを見つけるのに30年かかった。松代焼の枠の中でやってきたことは悪くなかった」と話す宮崎さん。今は、原料を日本中から集める陶芸家が多いなかで、古来からの地元の土を使った焼き物づくりを継承する姿は、伝統陶芸のブランド化のひとつの姿を示していると考えられます。

平成26（2014）年、松代焼は長野県知事指定の「長野県伝統的工芸品」になりました。県は松代焼について「約200年前に、松代藩の奨励により松代地域を中心に盛んに生産された。陶土には鉄分の多い地元の粘土等を使用し、灰、白土、銅など天然素材で調合した釉薬を二重掛けすることで、素朴な造形・風合いと独特な青緑色の光沢を出している」と説明しています。

ほかにも、地域が一体となって復活を目指した焼き物に、上水内郡飯綱町の赤塩焼があります。赤塩焼は文久3（1663）年、瀬戸出身の陶工、小林（加藤）栄十郎が、飯綱

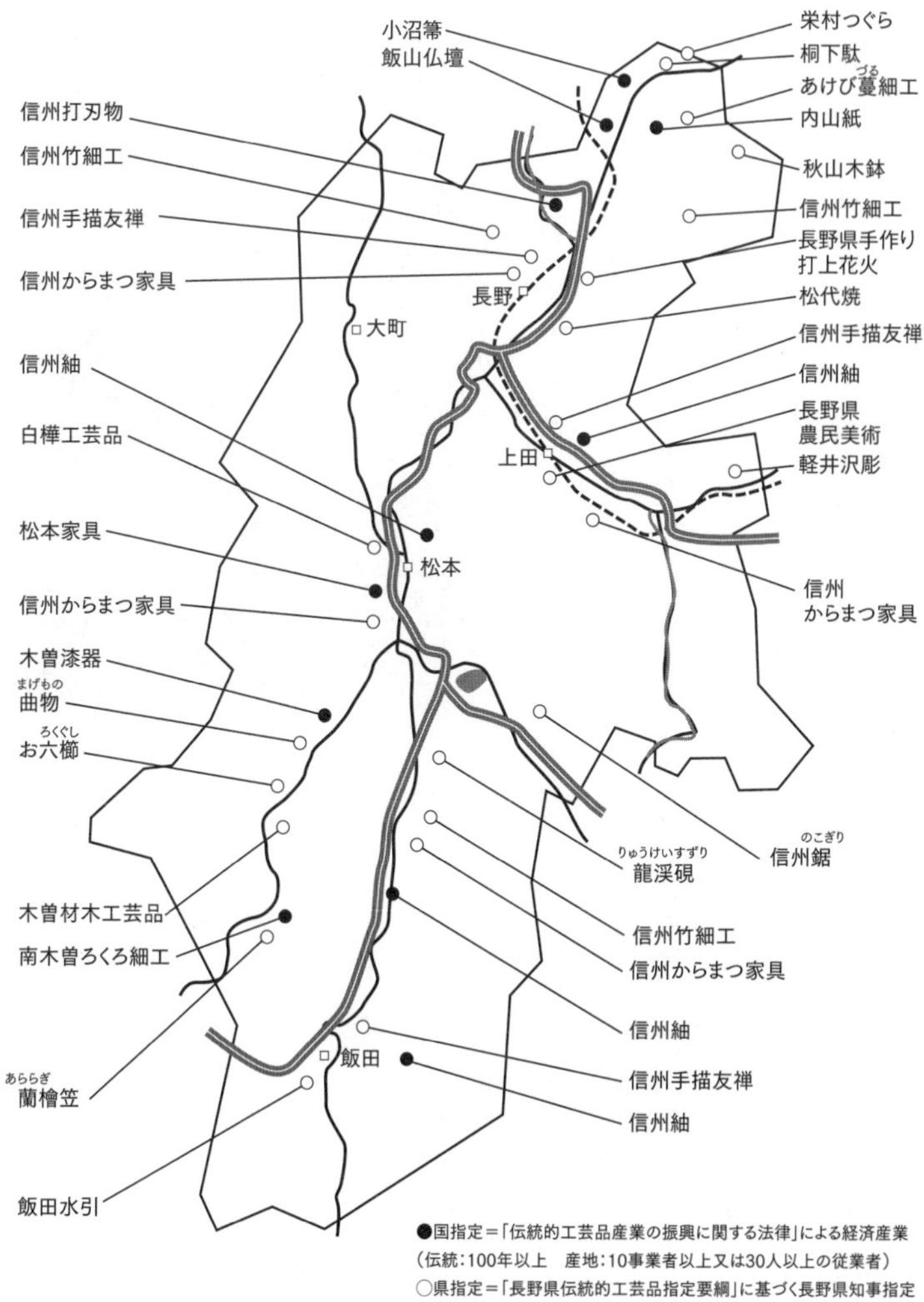

長野県の伝統的工芸品一覧（伝統的工芸品産業振興協会 HP から作成）

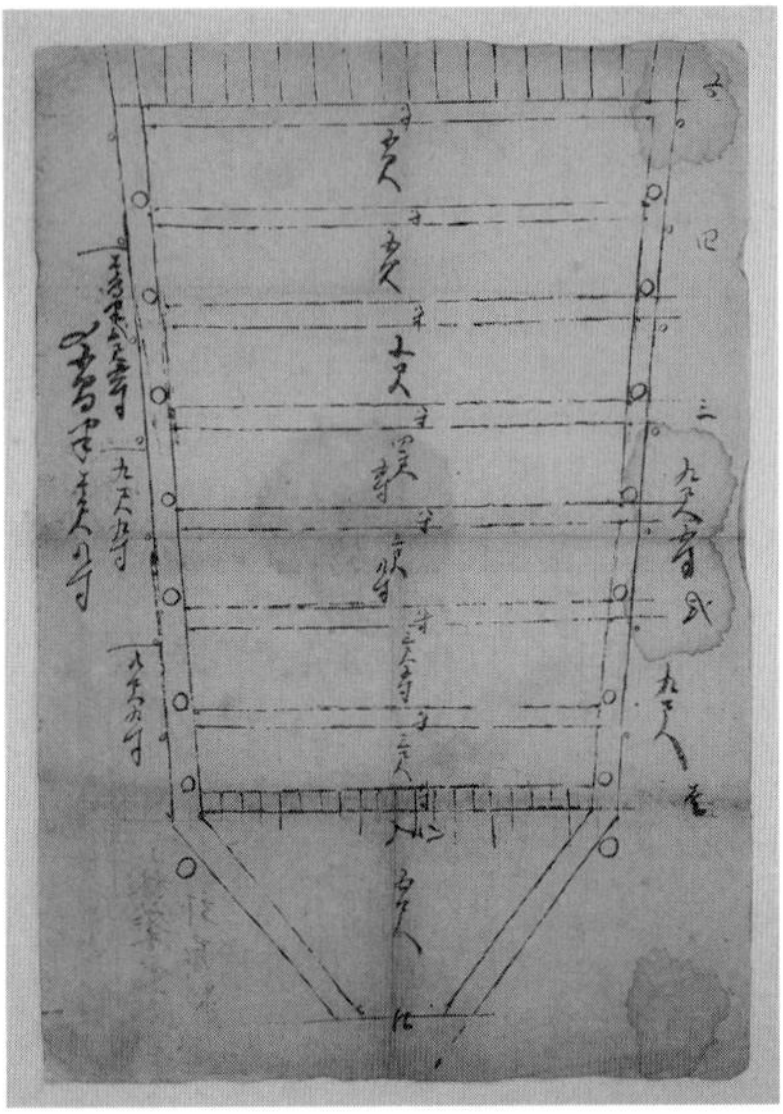

小林家（上水内郡飯綱町）に保存されている赤塩焼の7連房式窯の図面。慶応3年より以前のものとみられる（小林講和氏蔵、いいづな歴史ふれあい館提供）

町立三水第二小学校（平成30年閉校）の敷地に7連房式の窯を築いてつくった甕、こね鉢、徳利などの日用雑器の陶器のことです。明治19（1886）年には信越鉄道（現JR東日本）の橋梁や隧道などに使う煉瓦製造を請け負っています。2代目の小林作次郎は、陶器が次第に売れなくなるなか、釉薬にお金をかけない素焼きの火鉢などの製作に切り替え、生産し続けましたが、大正14年（1925）ごろ本窯を取り壊しました。

小林家には、多数の文書、赤塩焼に関わる手回し轆轤《ろくろ》など貴重な資料が保存されています。平成30年には地元の飯綱町で、赤塩焼の歴史や魅力を紹介するシンポジウムを開催、復興にむけた意見交換を行いました。この時、パネリストを務めた陶芸家の冨高俊一さんはその後、雑誌のインタビューのなかで、「赤塩焼はわからないことが多過ぎるだけに、どんな焼物なのか追究したい」と、復活を志す意欲を語りました。その後には貴重な資料の研究の成果として、「信州赤塩焼―北信濃に残る陶工の技―」という展覧会も開かれました。地元に伝わる工芸品の復興は、地域起こしの鍵でもあります。

松代焼を継承している宮崎さんは、クリエイターとしての自分らしさを追求しながらも、「それを使う人たちから支持されなければ生き残れない」と話します。使い手の支持を得て、なおかつ自分らしいものが作れていると感じるまでに30年かかったそうです。

宮崎さんの工房には作品を買いにくるだけでなく、「一度自分で作ってみたい」という人が多く、なかには長期休みの自由研究のための親子連れや、結婚の引き出物やお客さんへのプレゼントを自分で作りたいという人もいるそうです。リピーターも増えています。

私も轆轤による陶器づくりを体験し、長い年月をかけて取り組んだ研究成果や技術を垣間見ながら、立派な松代焼を仕上げてもらうことができました。信州の風土とここに集う人々が織りなす技の結晶である伝統的工芸品。研究への情熱を経済的に支えるだけでなく、多くの人が伝統や成果を体験して理解を深めることも、伝統工芸品を未来へ残す架け橋になると考えます。

（近藤　尚義）

道路の先に開ける視界

古代に出現した「道路」

山中の鹿や猪が通って自然にできた細い道を「けもの道」といいます。人も移動するために歩きます。歩きやすいところを行ったり来たりして、それが繰り返されると、踏み固められて道になります。これらの道は、ぬかるみや急斜面、ヤブなどの歩きにくい箇所は避けるので、方向の定まらない曲がりくねったものになります。

安全な往来を繰り返すうちに、人は「もっと短時間で目的地に着けないか」と思うようになります。歩きやすく、安全に、できるだけ短時間に往来できるように人為的に造られる「道路」の出現です。

「道」の遺構が発掘調査で確認できるようになるのは旧石器時代からと考えられますが、

初期の「道路」遺構が見られるのは縄文時代前期以降、まっすぐな「道路」の遺構はさらに下って「国家」の態を成し始めた古墳時代に入ってからです。

大化の改新から壬申の乱を経た7世紀後半になると、古代国家の基本は支配する側とされる側の関係が成り立つようになります。地方の各地域に統治、管理するための役所を置き、中央政府の決定や通達をスムーズに地方に伝達したり、地方の状況を把握して情報収集を迅速かつ継続的に行ったりする必要が生じてきました。

その役を担った役人（官人）の行き来や有事の際の兵の移動、租庸調の課税に基づく物資の運送のために、道路の建設と交通網の整備が急がれました。都とその周辺である畿内（大和《やまと》国、山城《やましろ》国、河内《かわち》国、和泉《いずみ》国、摂津《せっつ》国の5カ国（奈良県、京都府中南部、大阪府、兵庫県南東部））と、地方である七道（東海道、東山道、北陸道、山陽道、山陰道、南海道、西海道の7ブロック）を大規模な道路（駅路《えきろ》）で結んだのです。

大正時代の1920年代から昭和の1970年代にかけて、『日本書紀』や『続日本紀』などの解釈を進めた文献史学や、国府や国分寺などの古代の地方拠点の位置、地形や地名を調査する歴史地理学によって、駅路のルート復元が行われ、駅家《うまや》の位置が絞り込まれました。駅家というのは、往来する役人や人・物資を運ぶ馬の休息施設のことです。

『続日本紀』には、8世紀の奈良時代後半以降に、中央政府の土木技術者や諸国に派遣された長官（国司）の名前、工事の実務内容が記録されています。政府が設計・立案した路線図に従って、それぞれの国の国司が地方・地域の労働力を使い、現地の技術や材料で施工する国営事業だったのです。ただ、駅路建設の具体的な工法や手順、建設現場での労働力や費用をどのように調達したのかなどは記述がなく、わからないことも多くありました。

しかし1990年代後半（平成10年前後）以降の発掘調査によって、この時期の広範囲な道路（駅路）遺構が全国各地で確認されるようになります。

遺構の規模を見ると、道路の幅は地方で6～12m、畿内で24～30m以上もありました。数百mの調査区間や隣り合う複数の遺跡間で、直進性（まっすぐ伸びている状況）が確認され、道路の左右に側溝が穿《うが》たれていたことや道路自体が多層積み構造であることなどの特徴が見られます。

道路がまっすぐ伸びているのは、「できるだけ短時間に往来できること」の実現が図られたということでしょう。道路両サイドの側溝は断続しており、雨水などの排水機能を意図したとは想定しにくいため、道路建設に携わる人や往来する人が道路の幅を容易に確認もしくは意識できるように考案された標識のようなものだったとも考えられます。

多層積み構造であるのは、それが偶然できた「道」ではなく、人工を加えてできた「道路」だということです。路面下（内部）が乾いている箇所では礫、砂、土、粘土を組み合わせた2～3層、ぬかるむような湿地では礫、砂、土、粘土、植物などの組み合わせで4～8層に積み重ねられています。つまり、歩きやすく、安全に、できるだけ短時間に移動できるように「道路」としての工法が施されているのです。

乾いている箇所の典型例として、平成7（1995）年、日影山遺跡（東京都国分寺市）で東山道武蔵路《むさしみち》の一部が出土しました。全幅約12ｍの直進道路跡が南北方向に340ｍにわたって発見され、路面下には、締りの弱い自然堆積の黒色土層の上に黄褐色粘質土の硬化層が10～15㎝の厚さで遺っていました。

日影山遺跡（国分寺市）で見つかった東山道武蔵路遺構
（武蔵国分寺跡資料館提供）

湿地箇所での典型例は平成9年、同じ地域の西恋ヶ窪地区（国分寺市）で見つかった東山道武蔵路の一部で、湿地帯に渡す堤状の遺構です。天頂部（路面）幅が道路幅よりやや短い約9・5mのこの遺構は、川床の砂礫層の上に丸太で作った方形の枠を置いています。その枠が外側へ押し出されないように、長さ1m前後の数十本の木杭で四辺の丸太を外側から押さえ、枠の内側に薄い土層を挟んで、アシや木の枝など（粗朶《そだ》）を敷き、その上に10～20㎝径の礫層、ローム主体土（赤土）3層、黒色土2層を交互に積み重ねて1・2m厚の盛土にしています。型枠内に土を入れ、上から突き固める工程を複数回繰り返して層状構築物にすることを「版築《はんちく》盛土」といい、頑丈な構造でした。

この工法は「敷粗朶《しきそだ》工法」と呼ばれ、砂礫層からにじみ上がってくる水を粗朶が吸収し、地下水が盛土層に直に影響しないように礫層が抑制することを意図したと考えられます。

また平成11年に、呰見樋ノ口《あざみひのくち》遺跡（福岡県京都郡みやこ町）

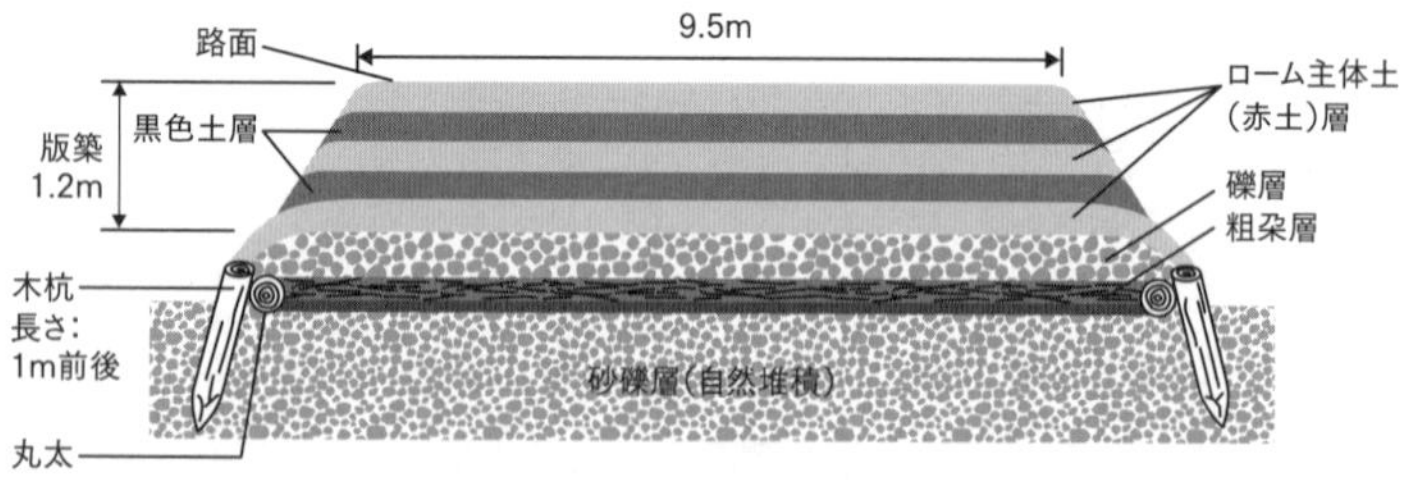

東山道武蔵路（西恋ヶ窪地区）道路遺構の断面イメージ
（『古代道路を掘る』（国分寺市教育委員会）模式図に加筆）

で見つかった西海道駅路遺構は、以下のような工法で造られたと判断されます。

①軟弱な地表面の粘土層を20㎝前後掘り下げる（掘込《ほりこみ》地業《じぎょう》）

②底面から最大50㎝径の円礫を混ぜた砂礫を90㎝の厚さで盛り上げる

③その上に5㎝径の砂利や土器片、弱粘質土を混ぜた赤土を叩き締めて15㎝厚の積層路面とする

④地表面から路面まで積み上げた凸部の左右（両サイド）を路面高まで赤土で盛土して、全体を同一面にする

⑤路面の両サイドに側溝を掘る

特に、②+③の工程は、路面に掛かる上からの荷重を2層で分散していた意図がうかがえます。

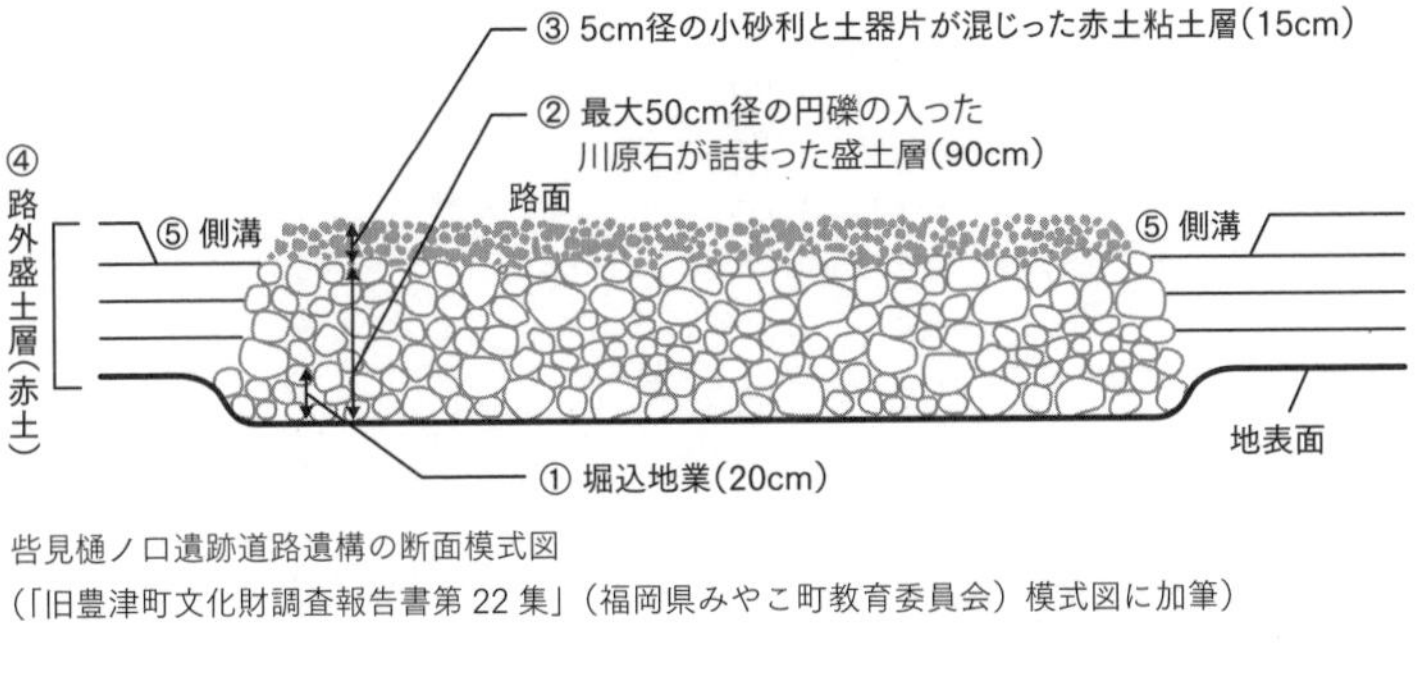

呰見樋ノ口遺跡道路遺構の断面模式図
（「旧豊津町文化財調査報告書第22集」（福岡県みやこ町教育委員会）模式図に加筆）

古代の道路規格を継承

同じ東山道でも、山間地帯の長野県内を通過していた駅路遺構の可能性がある遺跡を見てみましょう。

都からの下り方向順に、以下の4つの遺跡が見つかっています。

①東山道推定道路跡

青木村・保福寺峠《ほうふくじ》の北東、奈良本牧場東縁の「野馬除け《のまよ》」凹地内

二条の溝の中心から中心までの長さ（両側溝芯々幅）2・6m（全幅3・3m）

昭和63年

②小泉条里水田跡遺跡

上田市小泉・山間地から千曲川に向かう平坦地

両側溝芯々幅12m　平成17年

③国分《こくぶ》遺跡群

上田市国分・信濃国分寺跡の北約400mの平坦地

両側溝芯々幅9m　平成11年

④宮ノ反《みやのそり》A遺跡群

小諸市御影新田：浅間南山麓の平坦地

両側溝芯々最大幅9m　平成5年

東山道推定道路跡の南北約30mの調査区は、信濃国を北上して現在の松本市四賀錦部《にしきべ》で東に転じた駅路が標高1340mの保福寺峠を越えた辺りの険しい山道にあります。幅5～6m、深さ1m強の野馬除けのU字路（凹地）内底部を通るため、道路幅に強い制約が見られます。けれども、直進性があり、道路西側の路肩を保護するためか、粘土で張り詰めた、最大のもので人頭大の石を含む礫群層（礫路面）と、遺構断面図では5㎝の厚さにわたたって暗褐色土の硬い路面層、さらには両端に幅約64㎝、深さ16㎝の側溝が認められることから、駅路と考えられています。

小泉条里水田跡遺跡は、礫の混じる地山層の上に砂と黄褐色土を混ぜた版築層が載せてあり、これらの層に幅2m弱、深さ約30㎝の二条の溝を並行に掘り込んで、その間を路面としていたことがわかっています。道路の直進性はまだ確認できていませんが、道路幅は両側溝芯々幅で約12mあることから、駅路遺構の可能性があります。

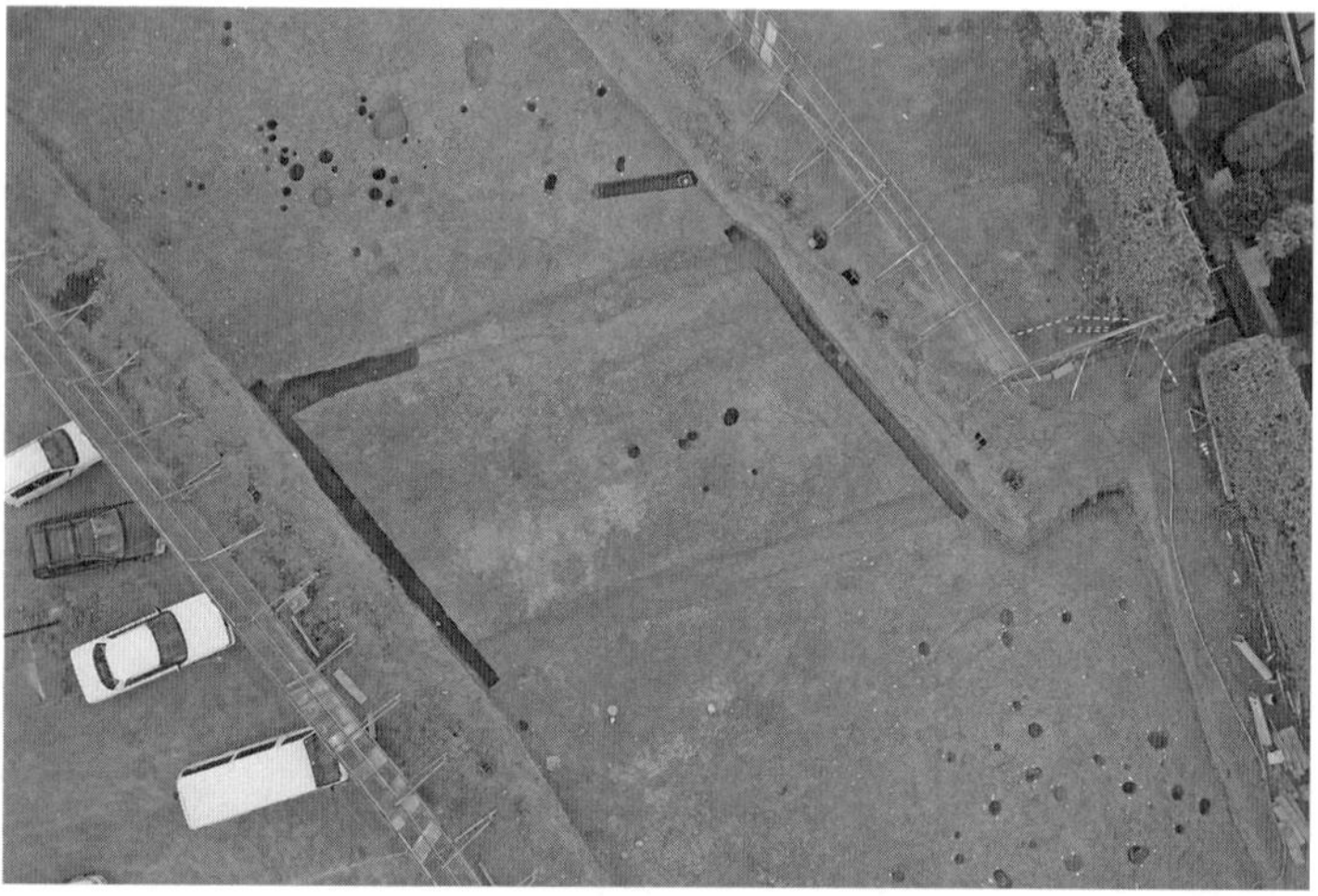

国分遺跡群（上田市）道路遺構（上田市立信濃国分寺資料館提供）

国分遺跡群の調査区では、南北に走る約15mの道路遺構が7棟の掘立柱建物跡とともに見つかっており、軸の方向が一致することから同時期の遺構と考えられます。

道路遺構からは奈良・平安時代の土器片が出土していて、建物と同様に国分寺が営まれていた時期の遺構といえます。硬く締まった地山層に掘り込んだ両側溝芯々幅6mの二条の溝のうちの西側側溝の上層に、溝間9mの新しい硬く締まった路面盛土層があることから、道路幅の拡張工事が行われたことが推測できます。後日、10m離れた南側延長線上にも同様の側溝が確認されたことから、合わせて25m間で直進性が認められ、駅路遺構と考えられています。

宮ノ反A遺跡群では、平成5年の調査で東西50mに渡って断続・直進する二条の溝が最大9m幅で発見されました。さらにその北側50m、南側30mのなかに、それぞれ幅1・5m前後の溝で区画された掘立柱建物跡群が見つかっています。二条の側溝とその間の平面が駅路の一部、掘立柱建物跡群が「長倉駅家」である可能性が指摘されています。

なお平成29年秋、長谷鶴前《はせつるさき》遺跡群（長野市篠ノ井）で、全長約57m、全幅4m弱、両側溝芯々幅約3m弱の道路遺構が見つかりました。出土土器片から中世（戦国期）の遺構とみられています。

粘土質の自然堆積層と西側の山から押し出してきた砂礫層を掘り込んで二条の溝を作り、その間に3〜5㎝厚の硬く叩き締めた路面がありました。若干の蛇行が認められ、直進性は弱まりますが、遺構断面からは、一度改修を受けて道路幅が縮小された以降もある時期まで使用されていたことが分かります。

古代の駅路は10〜12世紀にかけて使われなくなり、改造ないし埋もれて消えていったにもかかわらず、16世紀まで両側溝と多層作道の規格が維持されていたことになります。

宮ノ反Ａ遺跡群（小諸市）の道路状遺構（手前）と掘立柱建物遺構（奥）

長谷鶴前遺跡群（長野市）で見つかった道路遺構
（長野県埋蔵文化財センター提供）

維持する努力と道路の役割

古代・中世の道路構造のいくつかを見てきたなかで、福岡県の呰見樋ノ口遺跡駅路遺構の断面に注目してみましょう。砂礫層と、砂利や土器片、弱粘質土を混ぜた赤土を叩き締めている路面です。

現代の高速道路を含めた一般的舗装道路の標準的な構造は、ならした地山に接する層から上に向かって5つの層でできています。

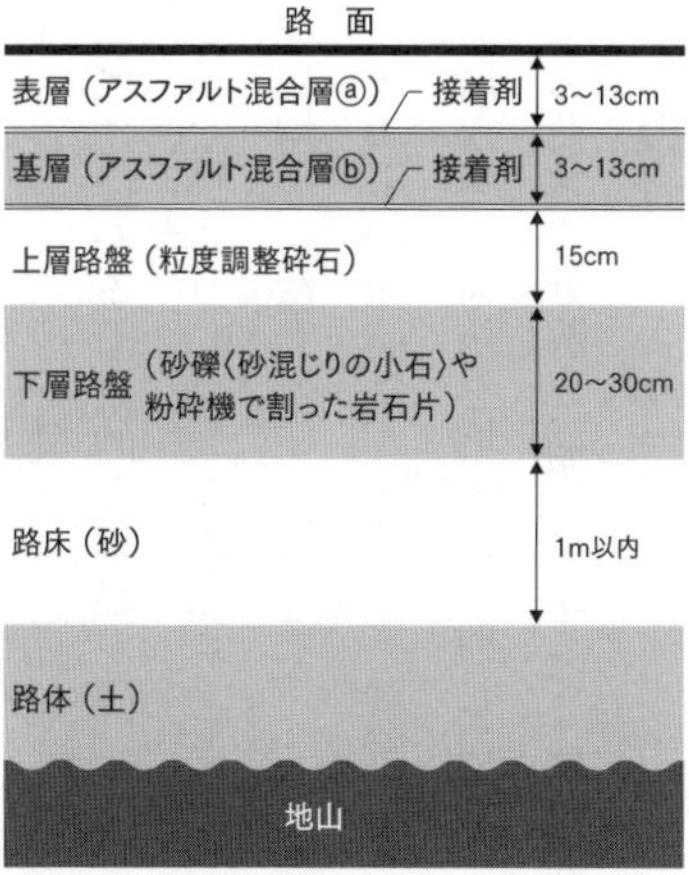

舗装道路の断面模式図

最下層の路体《ろたい》は、道路上を通行する人や車、上方に積み重ねられる各層の総荷重の影響を、一番下で吸収する土の層です。

その上の路床《ろしょう》は、上からの荷重を分散して下層の路体への負荷を低減させる層で、砂が使われます。

真ん中の路盤《ろばん》は、上下二層からなり、それぞれ粒度調整砕石、河床に自然堆積している砂混じりの小石や粉砕機で割った岩石や玉石でできています。上層路盤は、路面（道路表面）に掛かる断続的な衝撃を直に受けている上の層（基層《きそう》および表層《ひょうそう》）が形状を保ち、ずれないように支える役割があり、下層路盤は、上層路盤に掛かる荷重を吸収して下の路床に均一に伝えている層です。

その上の基層は、路盤の不陸《ふりく》整正（上層路盤表面の凹凸を埋めて平滑にする）を行い、表層からの荷重を均一に路盤に伝えるアスファルト混合層、一番上の表層は通行する人や車の荷重を分散し、適当なすべり抵抗性と平らを保つ強度（平坦性）が求められるアスファルト混合層、となっています。

いうまでもなく、往来する主体が人や馬の時代から自動車が走りまわる現代へと変わっていますから、「道路」自体の強度は比較するまでもありません。ただ、呰見樋ノ口遺跡の駅路遺構断面の砂礫層と積層路面の機能分担（補完関係）は、現代舗装道路の路盤と基層・表層の造作に相通ずるものがあるといえます。

現代の高速道路は、昭和38（1963）年、東京オリンピックの前年に運用を開始しました。以来、半世紀以上が経過して、高速道路網が全国に張り巡らされつつある現在、その建設技術の進展はめざましいものがあります。特に、安全性と快適性の面で、雨水の舗装体内部排水やすべり摩耗抵抗、制音の効果を格段に高めた「高機能性舗装」技術は、それまでの課題の多くを改善しています。

一方で、年ごとに道路の損傷は目立ってきています。必要な修理費用や、工事のための交通規制時間の確保が大きな課題となっています。そうしたなか、耐用化対策として、長野県内の北信地域を走る上信越自動車道と中央自動車道で、道路自体の開削調査と各種強度試験が行われました。その結果、運用から20年足らずで、路盤底面から路面に貫通する疲労クラック（ひび割れ）が数多く確認されたのです。損傷が発生した箇所へは早期に的確な補強が必要であり、損傷パターンごとの補修方法の確立が急がれています。交通量が増えているからこそ、対策の具体化が叫ばれているのです。

往来しやすく、安全に、できるだけ短時間に、という人類の希望をかなえながら、「道路」は進化してきました。建設技術がめざましく進んでいくのと同時に、造った「道路」を修理し、維持する労力や技術も同じだけ必要であることを忘れてはなりません。

今、急速な社会の変革は、人や物を移動させる装置としての自動車の動力を、ディーゼルやガソリンエンジンから水素などを使う燃料電池電動機に移行させつつあります。それでもまだ、自動車が道路の上を往来するという関係に大きな変化はないでしょう。近い将来の実用化が目指されているという「空飛ぶ自動車」の出現ともなれば、道路の役割は劇的に変化するかもしれません。
技術革新が、人の移動に関する多くの課題を克服してきたことは確かです。それでも人は、自分が歩く速度でしか考えることはできないし、生身の人が見える視界も変わりません。身の丈の視界の前方に広がる街や自然との関わり方を、立ち止まって考えてみたいと思います。

（白沢　勝彦）

鉄道で新たな夢を運ぶ

鉄道と日本列島の交通の画期

人は生きていく上で足りないモノ、あるいはそれ以上の価値を求めて移動を繰り返してきました。他の地域や異なる集団の元へ通い、交わる交通によって経済や社会、そして文化が発展してきたのです。ただし、その方法は時代と共に変貌を遂げてきました。

人類誕生からの数百万年の間は、自らの脚力と腕力が頼りでした。日本列島へ人がやってきた4万年前以降、最寒冷期に大陸と陸続きだった北海道へは徒歩の移動が可能でした。ところが、朝鮮半島や台湾からは何らかの手段を使って海を渡る必要がありました。わずかな漂流者だけでは子孫を増やせないので、彼らはある程度まとまった人数で、食料や生活用具を携えて海に乗り出したと考えられます。海上を移動するために、草や木製の筏《いかだ》か舟などの構造物で海を渡った段階が第1の画期といえるでしょう。その後、海を渡るため

画期	時代	交通手段
1	旧石器時代	舟？
2	古墳時代	牛馬
3	明治時代	鉄道・蒸気機関（人工動力）
4	昭和時代	自動車・航空機
5	現　代	

日本列島における交通の画期

の筏や舟は鉄や強化プラスチック製の船体へ、動力は手漕ぎからエンジンへと移り変わっていきました。

古墳時代前期（約１７００年前）ころには、日本列島に朝鮮半島から馬が持ち込まれました。家畜化した動物を移動手段に使い始めたのが第２の画期です。その後、馬や牛は車輪付きの運搬具とセットになり、陸上での迅速な移動や重荷の輸送が可能になりました。

第３の画期が起きたのは、幕末から明治時代にかけてでした。まず蒸気船が、続いて蒸気機関車（陸蒸気）が欧米から導入されます。強力なパワーを持つ人工動力を使うことで、迅速、大量、確実に、モノや人を運べるようになりました。これにより、それまで独立採算に近い経済活動を行っていた地方が東京や大阪とダイレクトにつながり、日本の近代産業は一気に発展しました。しかし、鉄道の天下も長くは続かず、昭和時代に訪れた第４の画期では、自動車が主役の座を獲得し、さらに航空機が加わりました。

第４の画期以降、鉄道は貨物よりも人の輸送に重点を移します。都市部では国電（現ＪＲ大都市圏の近距離専用電車）をはじめ私鉄や地下鉄網の整備が進められ、長距離輸送では貨物を扱わない新幹線の建設を進めました。人が行き交うことで、個人や組織の持つ情報が拡散、交換、融合されて、さらなる経済発展につながっていきました。ところが、昨今のインターネットの進化によって、生身の人間が動かなくても信頼のおける情報や資金の交換が可能になっています。

新たな画期を迎えようとしている現代、交通システムや手段は今後どう変わっていくのでしょうか。ここでは固定的なレールを敷くという条件に縛られる鉄道に特化し、その可能性を考えてみたいと思います。

信州の夢を担った近代の鉄道

まずは鉄道が建設された初期の目的を振り返っておきます。明治新政府、特に大隈重信や伊藤博文らにとって、鉄道は近代化の大きな柱でした。全国各地で産業を興して製品を海外に輸出すること、新都（東京）―旧都（京都）間、さらには首都と地方との交通を円滑にして、国内の統一を図ることなどを目的にしていました。首都と貿易港を結ぶ新橋―横浜間はいち早く建設が進められ、明治5（1872）年に開通します。

一方、国の東西を結ぶ大動脈である幹線鉄道は、新政府発足まもない明治2年に建設が

碓氷第三橋梁をゆくラックレール専用機関車ED42
（小林宇一郎氏撮影、長野県立歴史館蔵）

決定され、明治8年には中山道の調査が始まります。しかし、明治10年の西南戦争などのために財政が逼迫《ひっぱく》し、正式な建設決定は明治16年にずれ込みました。さらに中山道の場合、碓氷峠などの難所を通すための技術開発や、財政に見合ったルート選定が難航し、明治19年、最終的には東海道に幹線の座を譲ってしまいます。

信州にとっては残念なことでしたが、太平洋側と日本海側を結ぶ中部横断線の重要性があったため、信州経由の鉄道建設は続行されました。碓氷峠の急勾配は、県歌「信濃の国」や「鉄道唱歌」で誇らしげに唄われた26のトンネル、それに18の橋梁、ドイツ山岳鉄道で使われていたアプト式ラックレール（歯車式レール）で克服し、明治24年に東京と新潟県直江津を結ぶ路線が開通します。

最大の生糸輸出港であった横浜まで鉄路がつながったことで、県内の蚕糸業は活気づき、各地で鉄道の誘致運動が起きました。丸子鉄道（後の上田丸子電鉄、昭和44年全線廃止）など、既存の信越本線の駅と蚕糸業の盛んな地区を結ぶ私鉄も誕生しました。国は明治35年に後の篠ノ井線、明治44年に中央本線を全通させ、諏訪、松本と首都圏や中京圏が結ばれます。中央本線は木曽の林業を活性化させ、上松駅などから山深くまで森林鉄道網が張り巡らされていきました。その後、森林鉄道は全県に広がり、信州の林業を支えることになります。このように明治～昭和時代初期は、鉄道によって県内産業が大きく発展した時代でした。

下諏訪郡富士見町のＪＲ中央本線立場川橋梁。縄文時代以来、文化に違いが現れる境界だった深い谷を鉄道が一気に越え、諏訪の蚕糸業を活性化させた。写真奥が当時の初期鉄橋、手前が現在のもの

鉄道は業務に利用されただけでなく、困難を伴う旅を気楽な旅行に変えました。講などの団体で寺社参詣を行っていた人びとや、経済的な余裕の生まれた人が鉄道旅行を楽しむようになったのです。信越本線が全通した明治27

草津電気鐵道が昭和４年に発行した「軽井沢草津遊覧案内」（長野県立歴史館蔵）

年、長野市の善光寺御開帳に訪れた人は、割引往復切符の発売もあって激増しました。長時間歩けない、あるいは何日も宿泊する余裕がないなどの理由で旅を断念していた人びとが、鉄道によって念願をかなえたのです。さらに、外国人が鉄道を利用して軽井沢や上高地を目指した影響も大きく、信州を訪れる日本の富裕層も増えました。迅速で安心安全、確実に目的地へ運んでくれる鉄道は、日数がかかり危険も多かった旅を快適なものに変えていきました。

寺社参詣者が増えるとともに、温泉地やリゾート地への鉄道建設も進みました。県内では大正４（１９１５）年、草軽軽便鉄道（後の草軽電気鉄道、昭和37年全線廃止）が新軽井沢―小瀬間で営業運転を開始し、昭和４（１９２８）年に軽井沢―草津温泉間が全通しました。避暑地軽井沢と日本三名泉の草津を結び、さらに沿線スキー場や自然を売りにすることで、保養と行楽、観光が鉄道と結びついて発展しました。その後、大正10年に上田と別所温泉を結ぶ上田温泉軌道川西線（現上田電鉄別所線）が、大正13年には松本と浅間温泉を結ぶ松本電気鉄道浅間線が開通。昭和3年には長野と湯田中温泉を結ぶ長野電気鉄道が全通するなど、市街地と温泉地を結ぶ私鉄路線が発達していきます。また、山岳リゾート地である上高地へは大正11年、松本電気鉄道上高地線が新島々まで開通しました。

さらに、乗車する、車両を見る、駅弁を食べるなどなど、鉄道のさまざまな分野を楽しむ鉄道ファンやマニアが生まれ、「(行った先には)用事がない」（内田百閒《ひゃっけん》）人も鉄道に乗るようになりました。鉄道によって産業が発達したのと同じ時代、鉄道は人びとの娯楽や観光などを担う主役にもなったのです。

しかし昭和時代の後半になると、自動車の普及と高速道路網の整備によって、鉄道はその地位を脅かされていきます。特に、恒常的な鉄道利用客が少ない地方では経営的に厳しい状況が続き、廃線に追い込まれる路線も出るようになってしまいました。

これからの鉄道が生きる道

この先、鉄道は生き残れるのでしょうか。これまでの鉄道の歴史を振り返りながら、可能性を探ってみると、他の交通手段との競争もさることながら、大きな課題として少子高齢化と人口減少への対応が挙げられます。運行の自動化や設備改良で省力化し、料金を値下げしても、鉄道で運ぶモノや乗る人がなくなれば事業は成立しません。

「モノを運ぶ」という観点でみた場合、第4の画期で貨物輸送の多くを自動車などに取って代わられた後、鉄道は人の輸送に重点を移してきました。しかし、今後は人口減少とインターネットの発達などで人の移動の総量は確実に減っていきます。そのため、貨物部門の再編が必須となります。明治時代、信州産の生糸や木材などを大量に大都市圏や貿易港へ運ぶことで価値を生み出し、代わりに富や文化がもたらされました。同じ夢は見られません。新しい時代に合わせた貨物輸送の形を創出しなければなりません。

現在、運送会社や宅配業者が運ぶ荷物は、個人であれ、事業所であれドア・ツー・ドアが当たり前です。小回りのきかない鉄道は歯が立たず、トラックに加えドローン配送などの実用化も、鉄道にとってはさらなる脅威でしょう。しかし今、運送業界は人手不足が顕著です。即日配達や時間指定のきめ細かいサービスも、深刻なドライバー不足の前に輸送依頼を受けられないという実態も聞こえてきます。ドライバーの減少や高齢化による負担を軽減するためにも、発送元と受取先の配送部門と、その中間の長距離輸送部門を分けるのはひとつのアイデアではないでしょうか。後者を鉄道が担うのです。

鉄道はトラックなどより高速化が可能で、渋滞がなく事故も少ないため時間は正確です。

また、幹線鉄道は災害にも比較的強くできています。これらの利点を備えている新幹線の貨物利用も思い浮かびます。低コストで環境に優しい車両が投入できれば、利用価値が高まると思われます。運送業界の人手不足に対して、鉄道が迅速で正確に大量の貨物を遠方へ運べることをアピールし、新しい時代の物流システムに参入し直してはどうでしょうか。

「人を運ぶ」という点でも人口減少と高齢化対策が課題です。すでに人口減少に直面している地域の短距離路線では、料金が高い、本数が少ない、時間がかかるなど、マイナスのスパイラルに入っています。しかし、鉄道各社の経費削減は限界まで来ており、公的な補助も行われている現状で、料金値下げとサービスを求めるのは困難です。

地域の短距離路線で乗客に戻ってきてもらうには、駅から目的地までの移動手段を考える必要があります。駅から別の乗り物に乗り換えるのであれば、自宅から自家用車で出かけた方がはるかに楽です。せっかちな人間の多い日本では、待ち時間が長いと利用されません。鉄道からバスやタクシーへの乗り換えが面倒、歩くのが大変、となれば余計に鉄道を使ってもらえません。

そんな時、郊外から来る鉄道車両がそのまま街中に入れれば便利です。さらに街中では短い距離で停留所があり、待ち時間も短く、乗り降りも楽な低床型の車両であれば、駐車場の心配をして街中の個人商店に買い物に来なかった人も戻って来るかもしれません。次世代型路面電車のＬＲＴ（ライト・レール・トラジット）の導入もそのひとつです。渋滞もなく時間通りに運行するためには専用軌道が必須です。鉄のレールでなくてもよいとすれば、旧三陸鉄道の一部区間で運行されている専用軌道をバスが走るＢＲＴ（バス・ラピット・トラジット）の応用も考えられます。

長距離路線でも、鉄道はたくさんの人を運ぶことで、人びとのさまざま情報交換に役立ってきました。ネット社会の進歩で、情報を人が運ぶ意義が次第に薄らいできていますが、信頼を生むフェイス・ツー・フェイスの重要さは変わらないは

松本駅前を行く松本電鉄浅間線。自動車に押されるようになるまで、松本駅前から路面電車として運行していた（小林宇一郎氏撮影、長野県立歴史館蔵）

ずです。近年、観光向けに動くホテルとも言われる豪華なクルーズトレインが増えていますが、ビジネス向けにも移動しながら会議や情報交換ができる車両があってもいいように思います。

観光面では、長距離路線の優良顧客だった寺社参詣や温泉旅行の団体客はバスに取って代わられています。人口減少によって国内観光客はさらに減少します。増加が見込める海外からの観光客に対して、日本ならではの正確さ、安心や安全、清潔さなどの優れた点をさらに向上させ、アピールしたいところです。

一方、鉄道を残すには沿線に定着してくれる人が必要です。鉄道は恒常的に使ってくれる乗客がないと採算が取れません。明治時代の終わりごろから私鉄が発達した関西では、阪急電鉄の創業者である小林一三が、箕面有馬《みのうありま》電気軌道（後の阪急電鉄）沿線に住宅地や娯楽施設、商業施設などを造り、乗客を創出しました。しかし、少子高齢化社会では同じような手法は取れません。人口減少のなか、地域間で人の奪い合いをしても各々の地域が疲弊するばかりです。では、信州のようなローカル線沿線はどうしたらよいでしょう。

将来、リニア中央新幹線が信州を通る予定です。高速鉄道の駅ができたために人が首都圏へ流出し訪問者の滞在日数が減る、いわゆる「ストロー効果」を避けなければいけません。とはいえ、即席の娯楽・観光施設を仕立て上げ、ローカル線を都会並みのダイヤにしても効果は短期間しか続きません。アルバイト従業員を増やしても定住にはつながらないでしょうし、開発のために貴重な地域の文化・環境資源が劣化し、地域の人たちが疲弊してしまったのでは元も子もありません。

ローカル線沿線に人が定着するためには、明治〜昭和時代とは違った方法を考える必要があります。たとえば、「秘境号」が走っているJR飯田線沿線で「大都市圏に一番近い秘境でのんびり暮らそう」とうたい、新規の大規模開発ではなく、古民家再生事業などで過疎化に歯止めをかける方法です。ネット社会のメリットを最大限に使い、都会に本拠地がなくても可能な事業や学びの拠点を誘致し、ゆっくりとローカル線に揺られ、都会の喧騒や効率優先のプレッシャーから離れ、大自然や田舎暮らしのなかで新たな発想を育ててもらうのです。近所の高齢者や自然にやさしい製品のアイデアが次々と生まれそうです。

こうした手法は、大規模開発で地域を活性化させるのと違い、迎える側の混乱も少ないはずです。少人数であっても、地域の人たちにとって愛着ある景観や文化遺産を継承するのに手を貸そうという人が定着してくれると、地元にとってもメリットがあります。

文化遺産としての鉄道

鉄道の存在に心地よさを感じる人がいて、新たな活用を模索する人がいる限り、鉄道の未来は開けると思われます。経済活動の道具としての鉄道ではなく、文化としての鉄道という視点を加えてみましょう。文化と言っても、沿線の文化遺産を足早にめぐる観光ではありません。鉄道施設そのものや列車に乗ることを文化と考えるのです。

まずは、それ自体が文化・自然遺産であるローカル線に乗って楽しんでもらうのです。信州の各線沿いには自然あり、歴史の舞台ありで飽きません。信州人が当たり前に感じている路線でも、観光路線なみの景観に出会うことができます。のんびりと各駅停車に揺られて風景を眺める、極上の時間を楽しんでもらいましょう。ここでは往年の古びたマニアックな車両を復活させ、古い駅舎や橋梁、トンネルなどの鉄道遺産の見学との抱き合わせがお勧めです。停車時間を長くし、トレインガイドが常駐するのも魅力的です。

列車から降りて廃線跡を歩くこともお勧めします。たとえば、篠ノ井線で日本三大車窓とも呼ばれる姨捨の棚田を楽しんだ後、旧線を利用した安曇野市のトレッキングコースを歩くのです。明治時代の軌道敷は、当時の蒸気機関車の能力に合わせて急勾配がないため、快適に歩くことができます。ところどころに残る構造物には、開通当初の姿を残す漆久保トンネルをはじめ、災害による改変個所、営々と補強改修が重ねられてきた施設も残っています。地形と災害の歴史、鉄道を維持するための技術変遷や、積み重ねられてきた関係者の努力の痕跡を、四季折々の自然とともにたどることができます。

こうした楽しみ方をするためには、古くなった施設を取り壊して更新するだけでなく、歴史的に貴重な路線は鉄道遺産として法的に保護することが大前提です。イギリス同様、日本の鉄道も経済優先の消耗品といった発想から、遺産として保護する時代にきています。鉄道会社が現役路線として使いながら、安心安全のための整備等には公的な補助をあ

安曇野市に残る明治時代の漆久保トンネル遺構。旧篠ノ井線跡はトレッキングコースとなっている

て、いにしえの保存車両を走らせるなど鉄道イベントなどの企画・運営、あるいはその費用の捻出は民間団体が担当するなど、行政と民間、一般市民の相互協力は不可欠です。すべて行政にお任せ、すべて鉄道会社にお任せ、といった発想ではなく、さまざまな立場の人が、知恵と汗を出し合うことが大切です。

なぜ、お荷物路線になるかもしれないローカル線を残すのか。それはローカル線が、地域の小中学校と似た側面を持つからです。両者とも地域と日本の近代化を支えた根幹といえます。地域住民のほぼ全員が関わりを持ち、若かりしころの濃密な時間と思いを振り返れる場です。同時に「古き良き時代」一辺倒ではなく、地域や国の歴史を正しく検証する場でもあります。

近年、過疎化に伴い廃校となり更地化される学校が増えていますが、これは地域の歴史や文化にとって大きな損失です。古い校舎を地域史の証人として保存し、地域住民の集まる場や観光施設として再生させている例も多くあります。同じようにローカル線も廃線・消滅させるのではなく、かつて数々の出会いと別れの場となり、家族や友人とともに乗って将来への夢をふくらませた個人史の場として、あるいは近代日本・地域史の証人として残すことを考えるべきです。

最後に、自分と向き合うための鉄道利用を提案します。

今どきの人は電車や新幹線に乗っていてもパソコンやスマホなどから目を離さず、仕事やゲーム、メールなどに縛られっぱなしです。仕事や人付き合いの呪縛から列車に乗って逃走してみませんか、というお誘いです。

運転を他人任せにできる鉄道に身をゆだねて、緊張の解けた豊かな時間を過ごすのです。現代人には暇、無駄と呼ばれる時間をあえて提供し、ぼーっとしたり、自分と対話したり、心地よい居眠りもできます。流れる風景や列車の音と振動に連れられ、浮かんでは消えていく記憶やさまざまな妄想を楽しみ、あるいはじっくりと生き方を考え直す時間を作れること間違いなしです。

何気なく目に止まった沿線の風景や人びとの営みが、忘れていた何かに気づかせてくれ、悩み解決のヒントにつながるかもしれません。性急に仕事をこなす道具のひとつとして自動車・飛行機と比べるのではなく、列車に乗って洋々とした時間を楽しんでみませんか。

まずは鉄道に乗りましょう。先人の夢の跡をたどりながら、次の時代に適応した新たな鉄道の夢を探そうではありませんか。


（寺内　隆夫）

3

信州の風土を伝えゆく——

教育と文化

学び続ける信州人でありたい

江戸時代の教育熱

「教育県」そして「信州教育」として名を馳せてきた長野県とその教育。その背景のひとつに、江戸時代後期、全国一の数を持ち、極めて高い普及率を誇った寺子屋の存在があったのは間違いないことだと思われます。当時、信州では読み・書き・算盤《そろばん》を中心とした庶民教育が盛んになり、寺子屋が増えていました。その数は幕末時点で1341を数え、寺子屋師匠の数も6000人を超えていたといいます。なぜこのような状況になったのでしょう。

江戸時代、幕府や藩による支配は文書主義でした。幕府や藩の命令を受けて、町村の行政を執行するのは名主（庄屋、肝煎《きもいり》）や組頭らの役人です。江戸時代は、文字の読み書きができるという前提で社会が成り立っていたので、文書が読めたり書いたりできないと役人は務まりません。

町村に課される年貢（税）は、役人によって細かく計算され、各戸に請求されていました。したがって、役人には計算する能力も必要とされたのです。こうした制度が成立した当初は、特定の家が役人の仕事を担っていましたが、世襲に対する不満が大きくなったため、次第に「入れ札」と呼ばれる選挙によって役人が選ばれるようになりました。多くの人が役人業務を遂行するために、学ぶ状況が生まれてきたといえます。

信州各地で田畑の開発が進むと、それに伴って住民の生活に欠かせない重要な問題が生じてきます。個人の所有地と地域の共有林である入会林野《いりあいりんや》の問題（山論《さんろん》）や、用水の問題（水論《すいろん》）が起こり、飢饉や災害も繰り返し発生しました。そのたびに、町村では数多くの「願《ねがい》」や訴状を作成し、文書で回答や判決がなされました。

また、各家々や個人においても土地売買や通行、離婚、相続などが、証文や届《とどけ》などの文書によって行われるようになりました。江戸時代後期の19世紀中ごろ、中野市域の村では年間500点の文書があったという調査があります。町村でも文書量が増大したことにより、文字の読み書きや計算を学ぶことが不可欠の時代だったといえます。

こうした生活上に必要な学びのほか、文化などへの興味関心による学びも増えてきたと考えられます。庶民の文化や社会に対する意識が高まるにつれて、人形芝居や歌舞伎、相撲の見物、伊勢参りなどの旅行、俳諧や和歌、囲碁、生花などを楽しむ人びとが増えてきます。同時に、多くの出版物が発行されるようになり、旅行案内本を携えて旅をする人や読書をする人、自らの手で出来事を記録する人も出てきました。文字を覚えて、本から学ぶという学び方が増えていくのです。

江戸時代の信州は、政治経済の中心地である江戸と京都・大坂の中間に位置し、二都をつなぐ大動脈、中山道が通っていました。商品経済の進展で人や物の動きがますます盛んになると共に、旅行ブームによって善光寺参りをする全国の人々が大勢押し寄せるようになります。こうした活発化した人の動きは、新しい文化や情報をもたらしました。

さらに幕末、信州では産まれる子どもが増え、人口が急増します。二男、三男らへの土地分与によって、零細農民が増えました。さらに相次ぐ飢饉や災害などの生活難で、土地を手放す農民も続出しました。そのため、生活を農業以外に求める者がどっと増えます。折りしも、発展しつつあった産業や経済の波に乗って、商いや諸稼ぎに従事したのです。南信を中心に馬を使って運搬する中馬《ちゅうま》産業が盛んになるなど、新たな仕事を学びながら生きていかざるを得ない社会状況になってきたのです。親や地域は、大きく変化する時代、新しい時代を生き抜いていくため、寺子屋で子どもを学ばせたいという意識を高めていったのではないでしょうか。

藩では学校（藩校）をつくり、文武の学びを奨励していました。信濃国の11藩では中級以上の藩士全員を藩校に入学させており、下級藩士に学ばせていた藩もありました。文の科目は儒学を中心に和学や医学、さらには洋学にも手を伸ばします。武の科目には弓・馬・剣・槍・柔・砲術がありました。江戸幕府が滅亡すると、各藩では尊皇敬神、和魂洋才、国家実用の人材育成が強調され、藩校教育がいっそう重視されるようになりました。開国や尊皇攘夷、倒幕に揺れた幕末、財政事情が厳しいなかであっても、藩が生き残るために教育に力を入れる必要があったのではないでしょうか。「北の松代、南の高遠」ともいわれるように、松代藩（長野市）文武学校と高遠

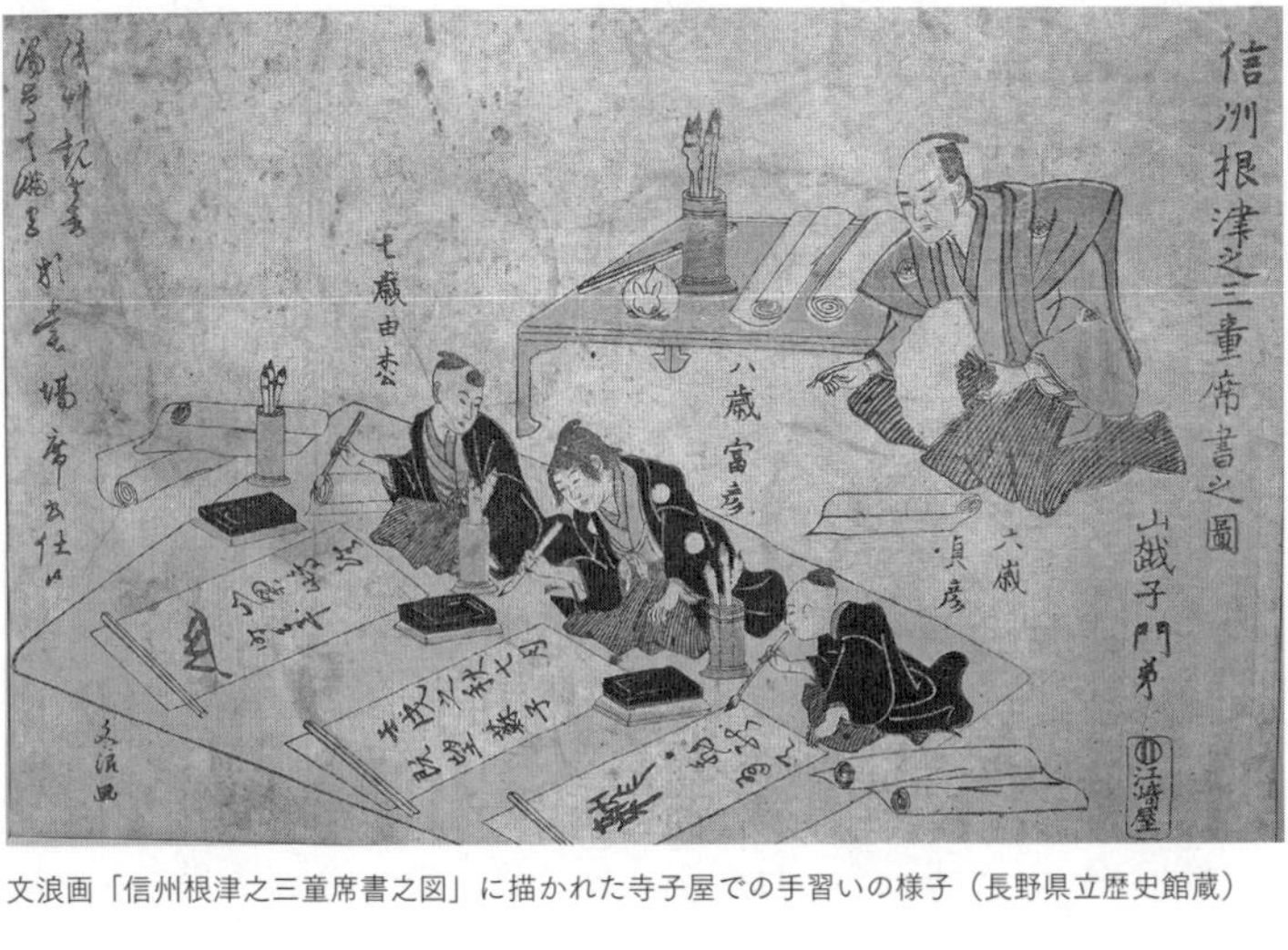

文浪画「信州根津之三童席書之図」に描かれた寺子屋での手習いの様子（長野県立歴史館蔵）

藩（伊那市）進徳館が特に知られており、信州の藩校は近代日本を支えた多くの人材を輩出しました。

こうした事情によって庶民に普及した寺子屋、武士が学んだ藩校が下地となり、明治時代の信州の近代教育へとつながっていきます。

近代教育へ寄せる熱意

明治5（1872）年、明治政府は「邑《むら》に不学の戸なく家に不学の人なからしめんことを期す」という抱負のもとに、学校制度を定めた学制を発布しました。欧米の学校制度や教育方法・内容を取り入れた近代教育の始まりです。小学校は義務教育とされ、各町村は小学校設立に向けて動き出します。地域における学校数や学校設置場所、設立資金の準備、教師の確保など、多くの困難を克服しながら学校を設立し、子どもたちが通うようになりました。

最初の小学校設立について、現在の千曲市の一地域の状況を見てみます。明治6年6月16日、埴科郡14カ村の村役・世話人たちが集まって協議しました。しかし、学校数や設置場所を決めることができず、物別れに終わります。そのため、内川村では村民一同が印鑑持参で寄り合い、有志による寄付金や備蓄金を学校設立資金とすることを決めました。学校数が懸案となった寂蒔《じゃくまく》村などの8カ村は、県庁に出向いて庶務課学校掛の指示を受け、内談を重ねながら区内集会を開いて4校設立を決めました。この地域ではこうした過程を経て学校の設置が整い、次のように学校数や学校名を決定しました。

組合村名	学校名	使用校舎
上戸倉・福井・下戸倉	共進	清雲寺（下戸倉）
上徳間・内川・千本柳	聡達	長泉寺（内川）
寂蒔・鋳物師屋・打沢・小島・桜堂	協和	永昌寺（寂蒔）
新田・杭瀬下・粟佐	清漣	勝徳寺（杭瀬下）

学校名を見ると、地域名を冠した名ではありません。漢文の一節をとり、ここで学ぶ子どもたちへの大いなる期待を込めて名付けたものと考えます。他地域でもこうした校名が多く、今でも通明《つうめい》小学校（長野市）、開智《かいち》小学校（松本市）などが存続しています。

使用校舎はいずれも寺です。寺は地域の公共施設という意識もあったでしょうが、校舎建設や学校運営に大金が見込まれるため、寺の協力を得て開校したのでしょう。ほかの地域では、お堂や民家を校舎としたところもあります。

国重要文化財に指定されている開智学校の校舎は、1年の歳月と延べ2万余人の労力、1万2000円の総工費をかけて明治9年4月に建設されました。木造2階建て和漢混交の本館にはバルコニーや八角の太古楼、ガラス窓が設置され、文明開化のシンボルとなりました。総工費の7割以上が地域住民の寄付金でまかなわれたのも、明治という新しい時代を迎え、地域住民の新しい学校教育に期待する熱意が感じられます。


学制を発布した明治政府にとって、大きな課題のひとつが就学率の向上でした。小学校就学は義務であり、新しい教育に対する大きな期待が地域にあったとはいえ、就学率が低いのは、貧困によって子どもに子守奉公や家事手伝いをさせざるをえない家庭や学費を払えない家庭が多かったからです。明治9年における小学校の全国平均就学率は38%でした。これに対し、この年の長野県の就学率は63%で堂々の全国1位でした。その後は県内の経済不況などにより順位を少し下げますが、上位を維持していました。

明治32年には県内男子の就学率が90%を超えます。一方、女子は62%でした。県下最低だった下高井郡では、郡・町村から隣組の伍長に至るまで、地域の組織を整え、学齢簿を整理して就学猶予者を調べ、保護者から提出された猶予願や免除願を厳しくチェックしました。生活困難家庭には授業料減免や文房具の貸し与えをしたり、学齢の子守児童用に特別学級を設けたりし、さらに、教育幻灯会や父兄懇談会などを通して保護者の向学心をあおったりもしました。こうした努力により、この郡の就学率は一気に上がり、2年後の明治34年には女子就学率が県下トップの97％に達します。長野県の高い就学率の背後には、担当者による巡回就学指導や貧困家庭への援助、家庭における就学への尽力など、さまざまな努力がありました。

明治30年代になると、県内各地に特別学級が広がります。それまで設けられていた子守学級や子守教育所なども組み込まれます。障害児の就学については、それまで猶予や免除としていましたが、その就学を促し、そのための学級を設置しました。

信州人が支えた近代教育

明治政府にとって、就学率の向上と共に重要な課題であったのが教員養成でした。各地に開校した学校の教員は各町村が独自に集めていて、ほとんどが江戸時代に寺子屋や藩校で教育に携わっていた師匠だったからです。政府の考える新しい時代を担う教育理念や教育方法、内容を理解して養成された教員ではありません。そこで、政府は新しい教員養成

音楽教育や特別支援教育の創始者として知られる伊沢修二。高遠藩の藩校進徳館で学んだ（長野県立歴史館蔵）

制度をつくる調査として留学生を欧米に派遣しました。

明治8（1875）年と11年に派遣された6人の留学生のうち、3人が信州人でした。高遠出身の伊沢修二、小県郡芝生田村（小諸市）出身の神津専三郎、飯田出身の中川元《はじめ》です。

伊沢修二はアメリカからの帰国後、師範教育、音楽教育、体操教育、特別支援教育の創始者として大きく貢献しました。「蛍の光」「ちょうちょ」「埴生の宿」「霞か雲か」などの曲は、伊沢が外国の曲を取り入れて文部省唱歌としたものです。明治11年には体育教員・指導者の養成機関である体操伝習所を設立し、主幹として日本で最初の体操専任教師を育てました。これによって、学校の遊戯場は次第に体操場と呼ばれるようになっていきます。東京音楽学校（東京藝術大学の前身）校長、東京盲亜学校（筑波大学附属視覚特別支援学校、同聴覚特別支援学校）校長、台湾総督府学務部長も務めています。

神津専三郎もアメリカで2年間学び、明治11年の帰国後は伊沢とともに音楽教育の普及に尽くします。東京音楽学校では西洋音楽史を講義したり、教材の翻訳に努めたりしました。エジソンが発明した蓄音機を日本に紹介したのは神津です。

中川元はフランスに留学して文部省視学官となり、東北地方を中心に巡回して近代的教育行政を推進しました。道徳教育にも造詣が深く、渡仏前にも修身教科書『修身鑑』を編《へん》纂《さん》し、帰国後も道徳教育書『文華の燭』を刊行しています。

明治政府の教育行政の中枢には、松本出身の辻新次と沢柳政太郎がいました。辻は、文部次官などとして文部省創設以来20年間教育行政に携わり、近代日本の教育界で大きな役割を果たした大日本教育会長も歴任しました。沢柳は、文部次官となって義務教育を6年に延長し、大学も創設するなど、大正新教育の先駆ともなりました。ふたりの後を諏訪出身の伊藤長七と長田新が継ぎ、「信州教育閥」として長野県出身者が日本教育界の指導的役割を果たします。

県内でも教員養成が進みます。学制発布後、県は小林常男ほか6人を東京高等師範学校へ派遣し、アメリカ人教師スコットから教授法を学ばせました。戻った7人は県師範講習所の教員として小学校教員の養成にあたります。教授の内容は、授業方法、黒板やチョークの使い方、机やブランコなどの道具についてなどです。

東京出身でアメリカ留学の経験を持つ能勢栄《のせさかえ》は、明治15年に県師範学校長として赴任しました。「師範学校教則」に新しい学科として唱歌や体操、教職科目に教育学・学校管理法、開発主義の実地授業法などを盛り込んだ改革を行います。県下の教員に呼びかけて、開発主義教授法の講習会も行いました。

開発主義教授法とは、『大辞林』には「知識や技術を一方的に与えるのではなく、児童の自発性を重んじ生まれつき持っている能力や心性を開発しようとする教育方法」とあります。スイスの教育学者ペスタロッチ（1746～1827）が提唱した教育理論・方法を基にしたもので、暗記主義ではなく実物を使うことを重視し、教育を「知育・体育・徳育」の3種に分けていました。この理論は県内に大きく広がり、能勢は「近代教授法の祖」「信州教育の源流」とも称されています。

日本の近代教育が知育に偏り、徳育を軽視しているという批判から、明治23年に制定されたのが教育勅語でした。その後、明治27年の日清戦争と明治37年の日露戦争という大きな対外戦争の過程で、愛国心の高揚が起こり、教育にも国の統制が加わります。

このような国の枠にはめられた教育を打ち破ろうと、大正時代には子どもたちの個性や創造性を大切にする「自由教育」が行われるようになります。長野県では、信濃哲学会やアララギ派教師自らが哲学や歌作により人格を高めようとする実践、雑誌「白樺」の人道主義のもとに子どもたちの個性を伸ばす実践、児童の日常生活から学習を組み立てていこうとする研究授業の実践などが盛んに行われました。

当時の教師たちは、地域の歴史の掘り起こしや植物研究、山岳研究、青い目の人形や文通といった国際交流なども熱心に行っていました。明治19年に結成された信濃教育会が広範囲に組織されていくにつれて、多様な研修や研究とともに会員による教科書や教材づくりも行われました。

明治時代の小学校で使われた石盤（長野県立歴史館蔵）

ところで、江戸時代の筆記用具は毛筆と硯《すずり》、半紙を何枚も綴じて冊子にした双紙が一般的でした。明治に入ると、小学校では石盤、石筆という新しい学用品が使われるようになります。石盤は粘板岩（スレート）などの薄い板を半紙の大きさかその半分に切ったもので、縁が欠けないように木枠を施してあります。石盤の面に石筆と呼ばれる蝋石《ろうせき》（滑石《かっせき》）を細く筆状にしたものを使うと、白い文字や線を書くことができ、ぼろ布などで表面を拭けば繰り返し書くことができる便利品でした。石盤は輸入されましたが国産もされ、『文部省雑誌』には、伊那郡高遠村の内田定四郎が同郡小原村の白土（粘板岩）の砕粉を錬造して、20銭で販売していると紹介されています。しかし、記録保存や衛生面の問題から、石盤と石筆は鉛筆とノートに取って代わられていきました。紙は貴重でしたが、国産洋紙の開発により、洋紙で作られたノートが普及したのです。ちなみに、長野県内で広く使われてきた漢字練習帳「白文帳」は、昭和10年代に松本の漢文教師が考案したノートです。

学び続ける信州人へ

明治に入ってからの高い就学率や先進的な取り組みなどから、長野県は「教育県」、その教育は「信州教育」として全国にその名を知らしめてきました。教育界だけでなく、各界で活躍する人物を輩出してきたのは、信州での子ども時代に受けた教育を土台に、個々が苦学しながらその時代を生き抜き、あるいは社会状況に対応できるように新たな学びをするなかで、多くの人びとに認められ、社会に役立つ活躍をしてきたからだといっていいでしょう。多くの学びによって社会を支えたさまざまな力が、現代社会を築き上げているのです。

現代は、今まで以上に国際化、情報化が進み、変化が著しい社会です。平成の30年間を通して、地域に暮らす外国人を当たり前に見かけるようになり、モノや情報だけではなく、国際的な人の移動が激しくなったことも実感します。だからこそ、世界的、地球的規模で思考し、行動していくことが求められます。地球環境、資源・エネルギー、科学と宗教、少子高齢化、人口増加、貧困などさまざまな問題も抱えています。

世界中にインターネットが張り巡らされ、パソコンやスマートフォンの普及によって、人々の生活や考え方は大きく変わりました。多くの情報を処理・活用し、必要な情報を瞬時に選択する判断力も求められています。

こうした時代だからこそ、今まで以上に多くのことを学ぶ姿勢が求められます。激動の時代を生き抜き、新しい信州や日本を築いてきた先人は、その時代と未来につなげるために、さまざまな学びを大事にしたことを教えてくれています。

平成初めの教育改革では、学校教育において学ばせることの筆頭に「関心・意欲・態度」を掲げました。それまで重視してきた「知識・理解」の知識偏重、いわゆる詰め込み教育によって子どもを勉強嫌いにさせていたという反省があったからです。「関心・意欲・態度」の重視は、子どもが自ら学ぼうとする力と個性を伸ばすことにあります。大正の自由教育でも、長野県の教師たちはそうした教育に取り組み、個性に応じて「道一筋」に学んで成果を上げた先人たちが多くいました。ほかの子どもと比べるのではなく、個々の子どもの興味関心をつかんだ個に寄り添った教育と、その先の自ら学ぶ力の育成が求められていきます。

個人においては、足元にしっかりと目を向け、自身の立脚点、郷土愛を持ちながら生きていきたいものです。長野県には豊かな自然があり、博物館や美術館数は400を超えています。図書館や活動が盛んな公民館活動などの公共施設を存分に使い、新しい人やモノ、事がらと出会うことが新たな自分の創造となるはずです。

長野県は全国一の長寿県となりました。100年時代に入った人生をよりよく生きるためには、生涯を通じて学び続けることが必要です。

学ぶことは楽しいことです。学ぶことによって新しいものに出会い、その出会いは心を常に新鮮にし、生き甲斐をもたらしてくれます。「教育県」から「学びの県」へ。自ら学ぶことが豊かな長寿県をもたらしてくれることと信じます。いつまでも学び続ける信州人でありたいです。

（畔上不二男）

相手と自分を知ることから

NAGANO発祥の一校一国運動

平成10（1998）年冬、日本で3度目のオリンピック開催となった第18回長野冬季オリンピック・パラリンピック（以下長野オリンピック）。長野県内の子どもから大人まで、多くの人びとが大会に携わったこの大会は、20世紀最後、そして平成の一大イベントとして心に深く刻まれているのではないでしょうか。実際、長野オリンピックは世界中に大きな感動を与え、世界に長野（NAGANO）を大きくアピールしました。

長野オリンピックが掲げた「子どもたちの参加促進」「美しく豊かな自然との共存」「平和と友好の祭典の実現」という3つのテーマのなかでも、未来を担う子どもたちの参加は大きな役割を果たしました。開会式と閉会式で、笑顔いっぱいに元気に飛び跳ねていた子どもたちの姿が思い出されます。特に長野市内にある小・中・特別支援学校がオリンピック参加国を学校単位で分担し、それぞれの国を応援して交流した「一校一国運動」は、大きな話題となりました。

一校一国運動は、地域での国際理解の促進を目指して活動していた長野国際親善クラブ会長の小出博治が提唱した取り組みです。

冬季オリンピック開催地が長野に決定してから約3年後の平成6年12月、小出は広島市で開かれた第12回アジア競技大会の視察をしています。そこで、ＩＮＣ長野ケーブルテレビのディレクターだった伊藤研志から「広島アジア大会で、各地区の公民館単位で行われている『一館一国運動』のような取り組みを、ぜひ長野で」と持ちかけられます。

長野オリンピックでは公民館単位ではなく、子ども主体の学校単位で取り組んだらどうか。小出はさっそく、長野市長や市教育委員長に提案しました。ここから「長野市の小・中・特別支援学校による一校一国交流活動」の検討が始まります。

翌平成7年3月、長野市校長会が「自国の国際化教育推進の為に、オリンピック、パラリンピックを軸にして一校が一国と交流活動を自主的に行う」ことを決定。「一校一国交流活動」、いわゆる一校一国運動が誕生したのです。市の国際化教育推進補助金を使って各校に配る国旗などの購入準備を始める一方で、前回のリレハンメル冬季オリンピックに

学校名	交流相手国
城山小	モンゴル
後町小	イギリス、日本
鍋屋田小	イタリア共和国、トリニダード・トバゴ共和国
加茂小	アイスランド共和国
山王小	キプロス共和国
芹田小	カナダ、エストニア共和国
古牧小	ニュージーランド、ボリビア共和国
緑ケ丘小	エストニア共和国、ケニア共和国
三輪小	リヒテンシュタイン公国
吉田小	ベラルーシ共和国
裾花小	ジャマイカ
城東小	イギリス、インド
湯谷小	ハンガリー共和国
南部小	メキシコ合衆国、ベルギー王国
大豆島小	カザフスタン共和国、ベネズエラ共和国
朝陽小	イタリア共和国、イスラエル
柳原小	アルメニア共和国、アイルランド
長沼小	ウクライナ
古里小	大韓民国
若槻小	アメリカ合衆国、南アフリカ共和国
徳間小	ルーマニア
浅川小	フィンランド共和国
芋井小	リトアニア共和国
安茂里小	フランス共和国
松ケ丘小	US バージンアイランズ
通明小	スイス連邦、大韓民国
篠ノ井東小	ノルウェー王国
篠ノ井西小	デンマーク王国、アンドラ公国
共和小	ノルウェー王国
信里小	スイス連邦
塩崎小	ノルウェー王国
松代小	カナダ
清野小	ポーランド共和国
西条小	ブラジル連邦共和国
豊栄小	チャイニーズ・タイペイ、イスラエル
東条小	クロアチア共和国
寺尾小	中華人民共和国
綿内小	ウズベキスタン共和国、イラン・イスラム共和国

学校名	交流相手国
川田小	スウェーデン王国
保科小	スウェーデン王国、朝鮮民主主義人民共和国
昭和小	ギリシャ共和国
川中島小	オランダ王国
青木島小	ドイツ連邦共和国
下氷鉋小	チェコ共和国
三本柳小	ボスニア・ヘルツェゴビナ
真島小	オーストリア共和国
七二会小	グルジア共和国
信田小	チリ共和国
更府小	スペイン
柳町中	アルゼンチン共和国、日本
櫻ケ岡中	ニュージーランド
東部中	アメリカ合衆国、プエルトリコ
西部中	トルコ共和国
三陽中	セネガル共和国、ハンガリー共和国、コスタリカ共和国、イギリス
東北中	ブラジル連邦共和国、バミューダ
北部中	スロバキア共和国
芋井中	アイスランド共和国
小田切中	ラトヴィア共和国
裾花中	ロシア連邦
犀陵中	スロヴェニア共和国
篠ノ井東中	アルジェリア民主人民共和国、ポルトガル共和国
篠ノ井西中	アメリカ合衆国、オーストラリア
松代中	中華人民共和国
若穂中	デンマーク王国、アンドラ公国
川中島中	ドイツ連邦共和国
更北中	キルギス共和国
広徳中	ブルガリア共和国
七二会中	オーストラリア
信更中	モナコ公国
信大附属小	モルドバ共和国
信大附属中	ルクセンブルク大公国
長野盲	イタリア共和国
長野ろう	アメリカ合衆国
長野養護	ブラジル連邦共和国、バハマ
若槻養護	スロバキア共和国、タジキスタン共和国

長野オリンピック当時の交流相手国(『世界の人とともに生きる　一校一国交流活動の記録』より)

参加した国を参考に、平成8年1月、長野市内77の小・中・特別支援学校の交流相手国が決まりました。

相手国が決まった各学校ではまず、その国のことを知る学習を始めました。国旗はどんなものか、世界地図のどこにあるのか、どんな言葉を話しているのか、どんな食事をしているのか——。子どもたちの興味はどんどん湧いていきます。調べることは容易でも、実際どのように交流していけばいいのか戸惑いながら、各学校は大使館や長野国際親善クラブ、在日外国人などを通して、交流方法を見つけていきました。NAOC（長野オリンピック冬季競技大会組織委員会）

平成10年の長野オリンピックの期間中、グルジア（ジョージア）の選手らと交流した七二会小学校。体育館で一緒に踊り、楽しいひとときを過ごした（信濃毎日新聞社蔵）

の協力もあって、プレ大会やオリンピックイベントへの参加や選手団との交流も可能になり、一校一国運動は実を結んでいきます。

オリンピック期間中は、選手村の入村式で国家を歌って歓迎し、競技会場では国旗や手作りの応援旗で選手を応援しました。また、競技選手団を学校に迎え、さまざまなおもてなしで交流を図りました。

相手国を知ることから始まった手探りの一校一国運動は、同時に、日本や郷土の文化を再確認するという価値のある学習へと発展していきます。子どもたちは日本らしさ、長野らしいものを探して、それらを取り入れ、精一杯のおもてなしをしました。学習してきた相手国の言葉であいさつを交わし、相手国の国歌や歌で歓迎し、楽器を演奏したり一緒に踊ったり、日本的な遊びやゲームを楽しんだりしたのです。

言葉は通じなくても、子どもたちの笑顔で心はつながりました。学校によっては地域の人たちも加わって、神楽を舞う、甚句《じんく》を踊る、木遣《きや》りを披露する、和太鼓を演奏するなど、地元に伝わる長野らしい伝統芸能が紹介されました。

新たな交流の芽生えと広がり

各学校によって繰り広げられた一校一国運動は、長野オリンピック以降もさまざまな形で引き継がれています。来日した外国人選手や大使が来校するだけでなく、交流相手国の子どもたちと絵画や作品や手紙を交換したり、子どもたちの代表者が行き来したりすることも実現してきました。

しかし、長野オリンピックから長い年月が経過するにつれて、運動の継続が難しくなります。公立学校では異動などによる担当教諭の交代、学校の組織や授業時数の変化、厳しい資金面などさまざまな課題が浮上してきました。それでも、オリンピック当時とは相手国が変わったり、複数の国々と交流したりしながら、活動を続けている学校もまだまだあります。

長野市では平成13（2001）年、一校一国運動を支援する「国際交流基金」や「一校一国運動補助金」が設立されました。市教委に「一校一国運動・国際化教育推進活動補助金」を申請する学校のうち、相互派遣などの人的交流を行う学校が、毎年10校前後に上ります。

また、平成25年に会員の高齢化などで解散した長野国際親善クラブは、平成29年に倉島卓人を新しい会長に新メンバーで再結成されました。長野から始まった一校一国運動が衰退することのないように、さらに復活する学校が増えることを願って「一校一国運動事例発表会」などを開催し、活動を見守り、応援しているところです。

平成30年に開かれた「2018一校一国運動事例発表会.in NAGANO」では、継続して活動している10校がパネル展示やステージ発表で活動を報告しました。この時の発表を中心に、継続されている一校一国運動の様子をいくつか紹介しましょう。

長野オリンピック当時からボスニア・ヘルツェゴビナと交流を続けている長野市立三本柳小学校は、内戦による地雷被害のことを学習し、地雷をなくすための募金活動や資源回収などで資金援助を行っていました。平成16年に滋賀県で開かれた「地雷をなくそう！世界こどもサミット」に児童が参加したことがきっかけで、同じような境遇のルワンダのことを知り、同国に住むルダシングワ・ガテラ、真美夫妻との交流が始まりました。

ルダシングワ夫妻は、NGO（国

年度		学校数
2001	平成 13 年	14
	平成 14 年	12
	平成 15 年	12
	平成 16 年	15
2005	平成 17 年	11
	平成 18 年	13
	平成 19 年	18
	平成 20 年	12
	平成 21 年	7
2010	平成 22 年	13
	平成 23 年	8
	平成 24 年	9
	平成 25 年	11
	平成 26 年	8
2015	平成 27 年	8
	平成 28 年	8
	平成 29 年	9
2018	平成 30 年	10 程度

一国一校運動・国際化教育推進活動補助金の人的交流に伴う申請学校数（長野市教育委員会より）

際協力に携わる民間団体）「ムリンディ・ジャパン・ワンラブ・プロジェクト」を立ち上げ、地雷や虐殺により手足を失った人びとのために活動しています。ルワンダ国内に義肢工房を作り、日本や他国の人が使った中古の材料で義足や義手を作って、必要とする人に無償で配っているのです。夫妻との長年の交流から、平成26年度には同校の6年生4名がルワンダを訪問。義肢工房や、1994年の内戦と虐殺の悲惨さを伝える教会を見学、現地の小学生たちとも交流してきました。この様子は、夫妻の来校に合わせて毎年校内に大きく掲示され、義足や民芸品の展示とともに詳しく紹介されています。

平成30年には夫妻の来校が10回目になりました。

初めて夫妻と会う1年生は、各教室で「ムラホー（こんにちは）」とルワンダ語であいさつを交わし、歌やゲームやプレゼントなどでおもてなしをしました。子どもたちは興味津々で、ガテラさんの年齢や好きな食べ物などを尋ねます。ガテラさんがルワンダ語で答えるのを真美さんが通訳し、ガテラさんは「ムラコゼ（ありがとう）」と言いながら全員と握手するなど、夫妻とのふれあいを楽しみました。

2〜4年生はスライドと真美さんの解説で、ルワンダの自然や生活、過去の歴史、夫妻の義肢工房の様子、パラリンピックへの取り組みなどを学びました。

5、6年生は民族対立が原因で80万人が虐殺された94年のルワンダ大虐殺のことを理解

三本柳小学校の１年生と交流を楽しみ（上）、５、６年とのパネルディスカッションに臨むルワンダのガテラさん

したうえで、「どうしたら仲直りできるか?」をテーマにパネルディスカッションを行いました。大虐殺の悲劇を経験したガテラさんや、前年度に児童会の国際委員だった中学生も参加して、それぞれの立場で意見交換を行いました。アルミ缶回収による支援金やサッカーボールや絵はがきなども贈りました。

「2018一校一国運動事例発表会」にも、4年前にルワンダを訪問した同校の卒業生(現高校生)や国際委員だった現中学生が参加していました。先輩から後輩へ、一校一国運動が引き継がれているのです。

ほかにも、西部中学校はトルコのタンプナル校との交流が続き、この20年間に生徒たちの現地訪問が5回、来校が7回あります。ホームステイの受け入れなど保護者の交流も盛んで、元校長や訪問団OB、保護者らが「トルコ・メルハバ友の会」(メルハバはトルコ語でこんにちは)をつくり、国際交流の手助けをしています。

裾花中学校はロシアが交流国で、長野マラソンで来日した選手と毎年交流し応援をしてきました。平成28年からはソチ市の第15番ギムナジウム校と相互交流が始まっています。豊栄《とよさか》小学校も20年間、台湾と交流し、平成20年からは5回の現地訪問と4回の来校がありました。

新たな取り組みも始まっています。

古牧小学校は平成16年からイギリスと交流を始めました。毎年数名の児童が訪英し、ビショップ小学校、ヘイマン小学校、ホカリル高校を訪ねたり、ホカリル高校生徒が来校したりなど、交流を図っています。

平成26年からマレーシアとの交流を始めた若穂中学校は、現地訪問と招待を隔年で繰り返しています。若槻小学校はカナダと平成28年から交流が始まり、毎年ハミルトン小学校を訪問しています。

このほかにも、相手国の事情で訪問が中断したため、次の機会を待ちながら資源回収などで資金を貯めている学校や、特定な一国ではなく近隣に住む在日外国人を招いて各国の文化や料理を体験する学校、修学旅行で来日する外国の児童生徒を受け入れる学校など、さまざまな方法で国際交流が行われています。

また、長野市教育委員会は市栄養士会と連携し、平成30年度から学校給食に各国の料理を提供する「オリパラ食べ歩きツアー」を始めました。中国の「油淋鶏（ユーリンチー）」、デンマークの「コッグ・トースク」、イギリスの「フィッシュ&チップス」などを食べながら、異文化理解教育を進めています。

国際理解の土台として

長野オリンピックでの一校一国運動は、大会の盛り上げに貢献し、子どもたちの国際感覚向上に大きな役割を果たしました。これはＩＯＣ（国際オリンピック委員会）にも認められ、その後のオリンピックに継承されています。

２００２年ソルトレークシティー、06年トリノでは「ワンスクール・ワンカントリー」、08年北京では「同心結プログラム」の名で３５０校が参加しました。12年ソチでは「一校一チーム」として市内67校が参加、18年平昌では「一校一国文化交流」となり、オリンピック開催都市の子どもたちによる国際交流が続いています。

２０２０年の東京大会に向けては、都内の学校が一校につき5大陸からひとつの国・地域ずつ、最大5カ国・地域と交流する「世界のともだちプロジェクト」が始まりました。

オリンピック以外でも、横浜市でアフリカ開発会議が開かれたのをきっかけに、平成20年の第4回会議には市立小学校55校が、平成25年の第5回会議では小・中学校67校が相手国を決め、アフリカ各国の人々と交流しています。

文部科学省と外務省が後援し、ＪＩＣＡ（国際協力機構）が協力する「アートマイル国際交流壁画共同制作プロジェクト」は、学校・学級単位で世界中の子どもたちと日本の子どもたちが壁画を半分ずつ共同制作する活動を行っています。２００６年からこれまでに世界67の国と地域から１２７７校が参加し、東京オリンピックでも壁画でオリンピック選手や世界中のお客様をお迎えしようとしています。

長野市では、長野オリンピックの開催都市として、一校一国運動の無形レガシー（遺産）を継承するとともに、「オリンピック・パラリンピック教育を小・中学校の教育の糧に位置付けることで国際感覚や人権感覚を育み、未来を担う人材を育成していきたい」と考えています。長野市内の小・中学校すべてが、東京２０２０組織委員会からオリンピック・パラリンピック教育実施校として認証されています。

国際理解教育も充実し、海外からの旅行者が増えたことで、身近に外国人がいることが当たり前の時代になってきました。平成30年度の時点で、小学校3、4年生は外国語活動として年間15～35時間、5、6年生は50～70時間の学習をしています。２０２０年の東京オリンピックでは、県内でも多くの市町村がホストタウンとして提携し、すでに競技選手たちが県内を訪れ、地域の子どもたちとの交流が始まっています。

一校一国運動の目的は、国際理解や平和学習です。その経験は、子どものころから海外や外国語に興味を持ち、海外旅行や留学が身近なものとなり、若者が日本と海外との懸け橋となって国際的に活躍することへ結びついています。そして、運動が手探りで始まったころと同じように、まず相手の国のことを知ろうとすることが、日本や郷土の自らの文化を改めて認識することにもつながっていくのです。

子ども時代に一校一国運動を経験し成長した若者が、2020年の東京で、または中継を通して、母校が関わったそれぞれの国を応援しているのではないでしょうか。当時、交流した人同士が懐かしく日本で再会するかもしれません。交流相手と疎遠になっていた学校や個人が、新たな交流を始めるかもしれません。

NAGANOから始まった一校一国運動を長野県民として誇りに感じるとともに、オリンピックのたびに注目され、これからも永く、日本や世界で継承されることを願っています。

（飯島　公子）

祭りを受け継ぐ誇りと気概

伝統継承の危機的状況

南信州と呼ばれる長野県南部（飯田・下伊那地域）と愛知県東三河、静岡県遠州を含む三遠南信地域は、古くから日本文化の十字路でした。このエリアのなかでも、特に南信州は「民俗芸能の宝庫」と呼ばれています。全国からやってきた盆踊り、人形芝居、農村歌舞伎、獅子舞、神楽などの民俗芸能が、南信州の独自の自然風土や地域の日常生活などのなかで育まれ、現在に受け継がれてきました。

長野県には10件の国指定重要無形民俗文化財が認定されており、そのうちの6件が南信州の民俗芸能です。遠山の霜月祭り（飯田市南信濃・上村）、新野《にいの》の雪祭り（下伊那郡阿南町）、新野の盆踊り（同）、和合《わごう》の念仏踊り（同）、天龍村の霜月神楽（下伊那郡天龍村）、大鹿歌舞伎（同郡大鹿村）の6つです。その他にも多くの民俗芸能が国や県により指定・

選択されていることからも、南信州は「民俗芸能の宝庫」であり、その芸能的意義が極めて深く、貴重なものと評価されていることがわかります。

歴史学者の笹本正治は「三遠南信地域は日本文化の宝庫です。まさに日本文化の十字路ですが、十字路にこめられているのは、さまざまな文化が行き交い、混じり合ったという地理的意味だけではありません。過去の祭礼、とりわけ今では接することが難しくなった中世の祭礼と、今まさに続ける飯田市の人形劇フェスティバルなど、過去と現在、そして未来の十字路の意味もあります」と書いています（シリーズ第2巻『広い世界とつながる信州』参照）。

南信州の民俗芸能を支えてきたのは、山村地域です。こうした村々からは、昭和40年代の高度経済成長期に多くの青壮年層が姿を消し、長野県のなかでも、少子化、高齢化、人口減少が著しく進行していきました。昭和36（1961）年と平成29（2017）年の小学生数を比較してみても、大鹿村557名→35名、阿南町新野地区317名→39名、南信濃村（飯田市南信濃）1009名→46名、上村（飯田市上村）314名→9名、天龍村854名→21名と激減しました。現在、各自治体において人口減少の対策として、さまざまな取り組みを行っていますが、その流れを止めることは非常に困難です。

加えて、生活環境や社会の意識の激変などにより、地域のコミュニティーは衰退し、それらを基盤としてきた民俗芸能も後継者の減少や不在から、継承が困難な状況となっています。実際にここ数年で地元の祭りが休止や廃止に追い込まれた地区や、現在はまだ実施できていても将来に不安を抱える地区も数多くあります。

若者たちの取り組み

民俗芸能の継承に向けて、地元の伝統文化を学ぶ機会を設ける小学校や中学校が増えてきました。学校教育のなかで将来の担い手を確保していこうとの取り組みや、従来からの祭りへの参加条件を緩和し、人材を外に求めるなどの取り組みなども進められています。心強いことに、積極的に民俗芸能に取り組む若者たちも存在しています。

受け継ぐ誇り――長野県阿南高等学校　郷土芸能同好会

阿南高校は、飯田市より車で約1時間、天竜川のほとりに位置する長野県最南端の地域高校です。久しく高校教育の空白地帯であったこの地域に、地域の熱烈な要望により県南の14カ村組合立高校として発足したのは昭和25（1950）年でした。以来、「永《とこし》えに地域のシンボルたれ」をモットーに、地域とともに歩んできました。

平成 27 年、長野県阿南高校に発足した郷土芸能同好会。舞などの練習（上）や地域に伝わる伝統芸能の見学を行っている（信濃毎日新聞社蔵）

同高では昭和60年から毎年、地域の文化を深く理解するために、地元に伝承される新野の雪祭り、和合の念仏踊り、遠山の霜月祭り、早稲田人形などの民俗芸能を保存会などに実演してもらい、生徒と保護者、地域住民などが鑑賞する「郷土芸能鑑賞会」を開いています。平成26（2018）年には鑑賞するだけでなく、生徒自身が地元に伝わる泰阜《やすおか》太鼓の指導を受けてこの会で発表しました。この発表にやりがいを感じ、自信を持った生徒9名が中心となり、平成27年2月に結成したのが郷土芸能同好会です。

この同好会では阿南町に伝わる新野の雪祭りの一場面を舞台化し、平成27年7月に滋賀県で開かれた全国高等学校総合文化祭（総文祭）郷土芸能部門に長野県勢として初めて出場を果たしました。学校行事で演じるほか、地域での各種イベントへ出演を依頼されることも多いのです。

こうした地域に支えられた活動を続けることによって、部員たちのなかに「誇り」が生まれてきました。「誇り」の感情は、常に他者との関係の中で生まれてくるものです。地域社会が同好会の活動を好意的に受け入れ、評価し、期待する気持ちが部員に伝わることで、同好会のメンバーであること、民俗芸能を演じることなどに対する誇りが生まれてきたのではないでしょうか。

阿南町新野地区では、地域や保存会が主体となって「郷土芸能こども教室」を開催して

新野の雪祭りで、明かりに照らされて軽やかに舞う幸法。阿南高校郷土芸能同好会ＯＢの若者が幸法役を務めた（信濃毎日新聞社蔵）

います。大勢の小学生や中学生たちが、盆踊りの音頭取りや雪祭りの舞や笛などの演奏を学び、活躍しています。新野地区には新野の盆踊りや雪祭りのほかにも、「霜月祭り」「御《お》鍬《くわ》祭り」「行人様《ぎょうにんさま》」など数多くの伝統芸能があり、地区全体で子どもに体験させる仕組みが構築されているのです。

それにもかかわらず、中学卒業後は民俗芸能に触れる機会が激減してしまうなか、阿南高校の郷土芸能同好会の取り組みは貴重なものです。郷土芸能同好会が設立されてから平成30年度で4年目になり、卒業生のなかにも地元に残って祭りに積極的に関わり、祭りを支えている若者が育っています。

信州総文祭の成果

阿南高校の郷土芸能同好会が出場した全国高等学校総合文化祭（総文祭）は、都道府県代表の高校生による芸術文化活動の祭典です。昭和52年に始まり、平成30年に長野県で開かれた信州総文祭で42回目を迎えました。演劇や合唱、書道や写真など19の規定部門のひとつに郷土芸能部門があり、神楽、風流、人形芝居、民謡、盆踊りなどの「伝承芸能」と「和太鼓」の2部門のそれぞれ上位2校が、国立劇場で行われる優秀校東京公演に推薦されます。

信州総文祭の郷土芸能部門は8月8日から3日間、長野県伊那文化会館（伊那市）で開かれ、のべ8000人を超える観客が集まって、会場は熱気に包まれました。そのうち伝承芸能部門には全国より20校が参加。長野県からは阿南高校郷土芸能同好会（13名）が出場し、舞台の上では奥深く豊穣な民俗芸能の世界が繰り広げられました。また、和太鼓部門に参加した辰野高校桜陵《おうりょう》太鼓部（20名）が勇壮な演奏を披露しました。総文祭の郷土芸能専門部事務局によると、伝承芸能の部活動を行っている高校は全国で124校（平成30年度）あり、長野県では唯一、阿南高校の郷土芸能同好会しかありません。総文祭の舞台は演技時間13分の採点競技で、演技・演奏の技能のみならず、13分に収まるように舞台化し、観客に十分アピールできる構成力と演出力が重要な要素となります。

　新野の雪祭りを演じた郷土芸能同好会は、従来の「幸法《さいほう》の舞」に加え「ビンザサラの舞」を取り入れた新しい構成を発表しました。太鼓や笛の音が響くなか、直垂《ひたたれ》を着た4人による息のあったビンザサラの舞、その後に面をつけた神様〝幸法〟役が、右手に松、左手にうちわを持ち、豊作を願う舞を全身で表現しました。この演技は、新野雪祭り保存会、郷土芸能同好

平成30年に長野県で開かれた信州総文祭で、「幸法の舞」を披露する阿南高校の郷土芸能同好会（信濃毎日新聞社蔵）

会OBとともに、演出はプロの歌舞劇団「田楽座《でんがくざ》」からも指導を受け、練習を重ねました。わずか13分の世界でしたが、雪祭りの情景を見事に表現した舞台となりました。

総文祭の伝承芸能部門は、本来優劣をつけるものでない民俗芸能をコンクール形式で行うので、演出に重きを置き、競技としての側面が強調されるあまり、祭りそのものの本質が見失われてしまうとの懸念もあります。そのため、民俗芸能の本質をしっかりと理解した上で、祭りの醍醐味を観客に伝え、現地で本当の祭りを見たいと思わせるような舞台を作り上げていく取り組みが重要になります。そして、その競い合いのなかから芸能の技術が向上するとともに、新たな文化が創造されていくことが期待されます。

総文祭では規定部門のほかに、協賛部門として開催県独自の部門を設けることができます。人形劇部門は信州総文祭の協賛部門として初めて設けられました。「いいだ人形劇フェスタ」との併催で飯田女子高等学校にて開催され、飯田女子高校人形劇クラブ、徳島県立徳島中央高校人形劇団が参加したほか、飯田市立高陵中学校の黒田人形部と同竜東中学校の人形劇部が賛助出演しました。

飯田女子高校人形劇クラブは、地元の黒田人形保存会から指導を受け、人形浄瑠璃「傾《けい》城《せい》阿《あ》波《わ》の鳴門《なると》―巡礼歌の段―」を披露しました。「いいだ人形劇フェスタ」は昭和54年に「人

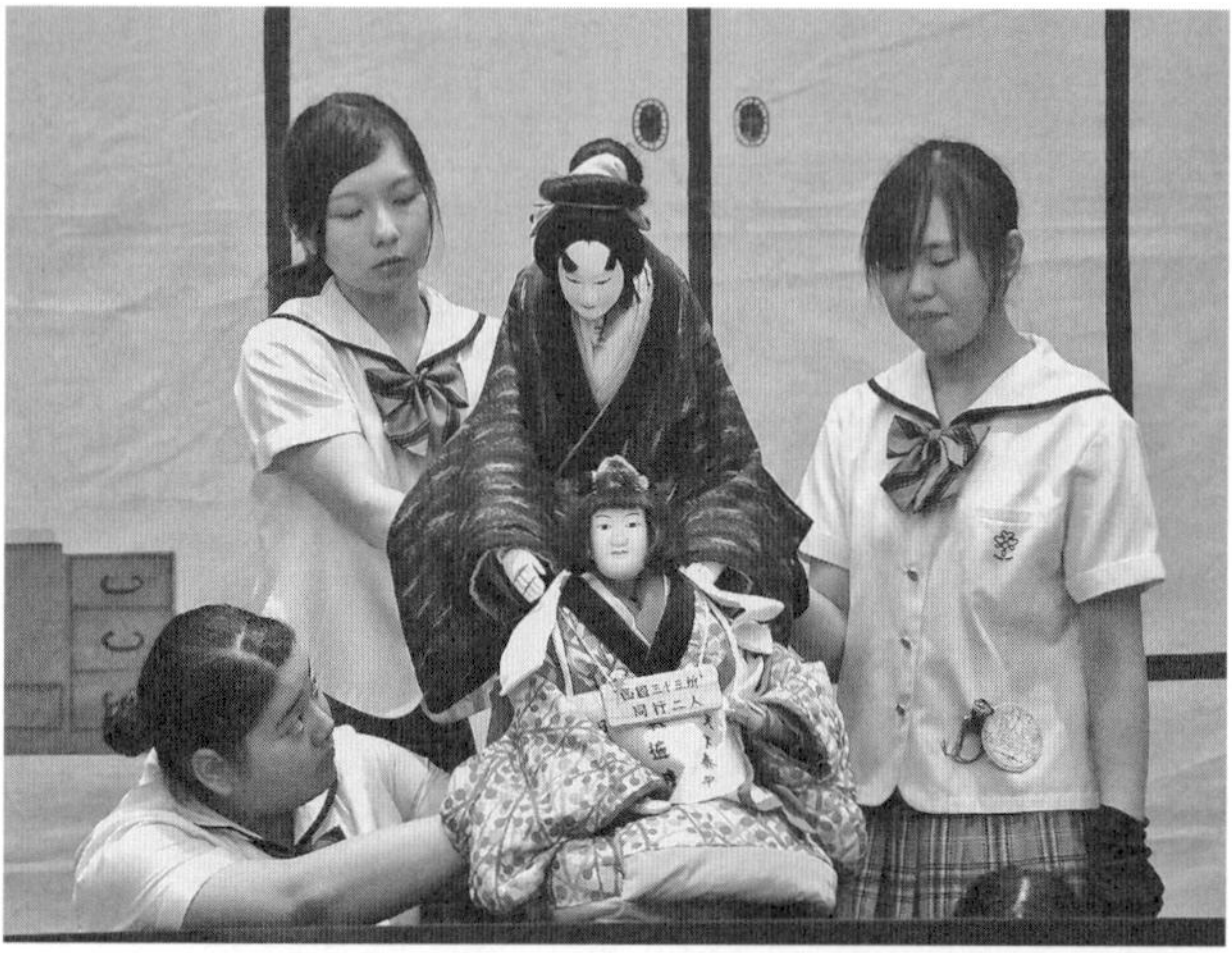

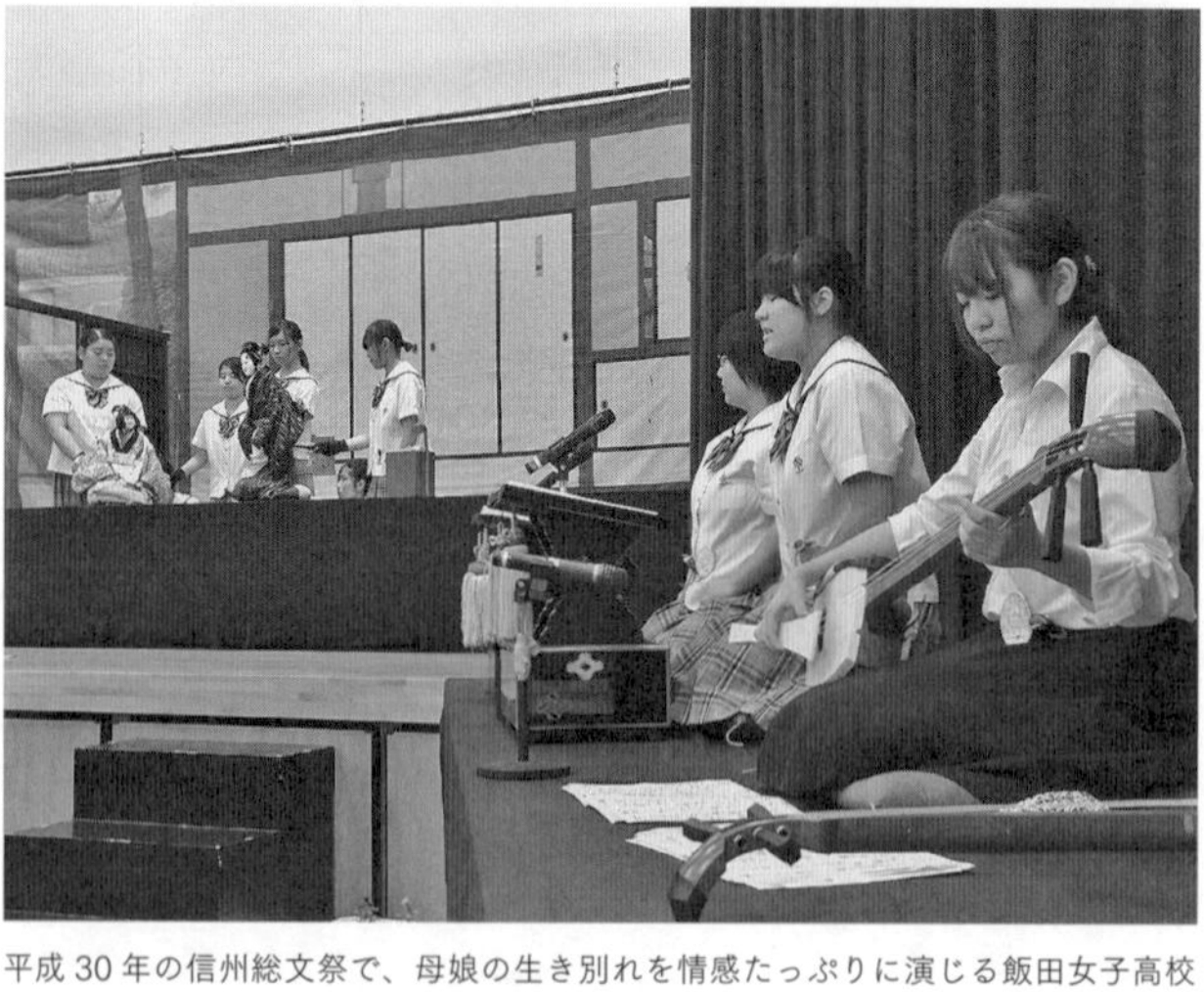

平成30年の信州総文祭で、母娘の生き別れを情感たっぷりに演じる飯田女子高校人形劇クラブの生徒たち（信濃毎日新聞社蔵）

形劇カーニバル」として第1回が開催されて以来、平成30年で通算40回を数えます。地域の努力で継承されてきた黒田人形や今田人形などの伝統的な人形浄瑠璃の文化をベースに、現代人形劇が加わり、地域の人々が主体的に参加して新たな地域文化が創造され、「人形劇の町・飯田」が作り上げられてきました。こうした地で総文祭人形劇部門が開催されたことは、非常に意義深いものではないでしょうか。

総文祭での発表はそれまで地道な活動を行ってきた高校生部員にとってハレの舞台となるとともに、運営に関わった多くの高校生にとっても、マスコミにも大きく取り上げられることで、若い世代に向けて民俗芸能をアピールしていく大きな効果があります。また、地域や民俗芸能の保存会にとっても、高校生の部活動の運営を支えることで後継者を育成し、全国に地域の民俗芸能の魅力を紹介できる有効な機会となっています。

青年層の気概—遠山の霜月祭　木沢霜月祭り野郎会

遠山の霜月祭りは、飯田市南信濃5カ所、飯田市上村4カ所の神社で12月1日〜15日に行われています。遠山郷も例外ではなく、子どもの数が激減し、若者の多くが高校卒業後の進学や就職などで都市部へ転出しています。さらに、生活環境や価値観の多様化もあり、民俗芸能に興味を持って積極的に参加する青壮年層が少なくなっている現状があります。

そんななか、霜月祭りの継承に危機感を覚えた若者たちが自ら集まって設立されたのが「木沢霜月祭り野郎会」です。平成26年1月、木沢地区出身者を中心に「自分たちで霜月祭りについて学び、お祭りを盛り上げられるようにしていこう！」との思いに賛同する仲間が集まって結成しました。現在では、地区出身者以外も含め、高校生から40代まで約30名のメンバーを中心に活動しています。

木沢地区の神社で開催される霜月祭りに積極的に参加し、笛を吹いたり、舞を舞ったりすることはもちろんですが、霜月祭りを学ぶ遠山中学校の生徒たちに舞や笛、太鼓、湯立てなどを指導したり、祭りの本質を学ぶため、各地区の高齢者にかつての霜月祭りの様子を聞き、今との違いを考えたり、湯立てに登場する神々が祭られている神社や祠《ほこら》を訪ねたりもしています。さらに、「祭りを盛り上げ、支えたい」との思いから地区で資源回収を行い、その収益金で木沢正八幡神社に大提灯《ちょうちん》を、日月《にちげつ》神社と熊野神社には扇子を奉納するなど、幅広い活動を行っています。

この会で活動する仲山雄貴さんは次のように話します。

「祭りを運営する地元の人が減りつつある遠山郷では、私たちが笛を吹き、舞を舞うことで、ありがたがってくれる方もいます。しかし、霜月祭りは地元のお祭りなので、他地区に住む者がお祭りに参加することを『伝統が崩れる』とよく思わない人がいるのも現状

地区出身の若者たちを中心に結成された木沢霜月祭り野郎会。さまざまな形で祭りに積極的に参加している

です。しかし、担い手が減って祭りの実施を取りやめた地区がいくつもある昨今、私たちが参加することでなんとか祭りが継承され、後世につながっていくのであれば、少しでもお手伝いをしたいと思います。そして皆さんから快く思っていただけるように、絶えず研修の機会を設け、霜月祭りについてしっかりと学び、一つひとつの礼儀やしきたりの意味まで理解して、真摯に祭りに携わりたいと思っています。少子高齢化の現在、その波を一番に受けているのは、遠山郷のような山村地域だと思います。そのなかで霜月祭りの現状も、決してよいものではありません。しかし、祭りに行けば、その地区の人全員に会え、1年間の報告もできます。夜通し行うことで連帯感も生まれます。遠山郷だからこそ、霜月祭りがあってほしい。祭りがあるからこそ、この地区が存続できているのではないかと思います。私達にできることは些細なことだと思いますが、これからも同じように活動していきたいと思います」

遠山郷出身の仲山さんは、幼いころより霜月祭りに関わり、大学卒業後に高校の教諭となり、祭り継承のため「木沢霜月祭り野郎会」に参加して活動しています。

自発的に集まり、積極的に祭りの継承のために活動する彼らの力が、遠山郷の各地区の祭りに活気と刺激をもたらしています。祭りを続けていくための大きな力となっているのは確かなようです。

守り受け継いでいく意義

現在、南信州から東京まで高速バスで約4時間、列車で約5時間、名古屋まででさえ高速バスで約2時間かかります。まさに「陸の孤島」です。

２０２７年開通予定のリニア中央新幹線ですと飯田から東京まで約40分、名古屋まで約20分で結ばれます。また、飯田市と浜松市を結ぶ三遠南信自動車道の整備も進んでいます。この交通の大変革は、地域を再生させる千載一遇のチャンスとなるのか、逆に大都市に人を流出させる「ストロー効果」を招くのか、どちらにしても南信州の未来に大きな影響を与えることは間違いありません。

こうした大きな動きのなかで、南信州が地域のアイデンティティーを確認し、誇りを醸成し、健全なコミュニティーを保っていくために必要不可欠なのが、民俗芸能の存続です。また、南信州の民俗芸能の魅力が地域ブランドとして確立されることで、ここを全国の民俗芸能の学びの拠点とすることも可能になるはずです。

阿南高校郷土芸能同好会や木沢霜月祭り野郎会、そして総文祭で演技を披露した全国の高校生たちのように、民俗芸能に魅力を感じ、自らの意志で積極的に民俗芸能を楽しみ、活動に誇りを持ち、地域に貢献し、祭りを継承していこうとしている若者が存在しているのは確かなのです。彼らの活動は頼もしく、民俗芸能の未来に光が見えてくるような気がしてきます。

受け継がれてきたしきたりや意義など守るべき本質を尊重しながら、時代や環境に応じた変化を受け入れ、新しい挑戦を取り入れてこそ、民俗芸能の継承活動は進んでいくのではないでしょうか。祭りの本質的な部分と時代に応じた新たな試み。バランスをどう取るか、しっかりと見極めていく必要があります。

南信州では平成27年に、民俗芸能の後継者を育て、継承するために地域を挙げた取り組みを進めていこうと「南信州民俗芸能継承推進協議会」が設立されました。企業による協力体制の構築なども視野に、幅広く民俗芸能の継承に向けて活動するといいます。また、長野県の高校で導入された「信州学」でも、自らが生まれ育った地域を知り、誇りを持ち、未来について考え、主体的に生きる力の基礎となる「根」を育ててほしいと思います。

今後、地域住民や保存団体だけでなく、学校や企業、行政などが連携して知恵と人と資金を出し、民俗芸能の魅力を広く伝えていくこと、若者たちの活動を拡大させ、支えていく地道な取り組みをしていくことが重要です。民俗芸能を未来に継承することこそが、地域を元気にしていくものと確信しています。

（福島　良彦）

歴史的建物が文化を紡ぐ

12本の巨大な鉄骨柱がなぜ出現したのか

「東京は長野だ」のキャッチコピーで、長野―東京間の新幹線が開業したのは、冬季オリンピック長野大会開催の前年、平成9（1997）年10月1日のことでした。

この広告は新幹線の開通によって、東京が長野の一部のように近づいたことを宣伝したものです。首都圏側からすれば「長野は東京だ」となるのでしょうが、広告では「東京―長野　倍速79分」の宣伝文句が使われました。

確かに新幹線開業前は、特急あさまで長野駅から上野駅まで3時間近くを必要としました。平成8年の時刻表を見ると、長野―上野間の所要時間は2時間50分～3時間です。それを思うと、時間の短縮、信じられないスピードに開業当時は驚かされました。新幹線が長野駅を通るようになって20年以上が経過した今日では、首都圏への新幹線通勤も現実のものとなっています。そしてまた金沢駅まで延伸し、北陸新幹線として利便性がさらに向上、その先の福井県敦賀、関西方面へとつながろうとしています。長野駅は、北陸と首都圏を結ぶ中間点に位置する立地により、人の動き、物の流れが大きく変わったことを実感します。

長野駅舎の姿も大きく変わりました。明治21（1888）年の開業当時の長野駅舎にはじまり、新幹線開業前の平成8年6月には仏閣型駅舎から橋上駅舎に改築されました。そして平成27年3月の北陸新幹線の金沢延伸に合わせて、さらに駅ビルの増改築に至りました。これに合わせて、それまで評判の悪かったトイレ、昇りしかなかったエスカレーターなども改善されました。

また、駅ビルは、近代的な商業エリアを充実させて生まれ変わり、それまで以上に多くのテナントが出店しています。長野市にいながら、南信名物の駒ヶ根ソースカツ丼に舌鼓を打ち、飯田の銘菓をバラで購入して自宅でお茶請けとすることができるようになりました。こうした利便性に異論をはさむ余地などないのでしょう。

しかし、その利便性は歴史的景観を犠牲にして得られたものです。長野駅舎の善光寺口正面は、大庇《おおびさし》と称する屋上から前面に覆いかぶさる屋根を支えて建つ、木目調のシートを巻かれた12本の独立鉄骨柱が駅舎の顔（外観）です。ここには「門前回廊《もんぜんかいろう》」と愛称がつけられています。PR団体ながのシティプロモーションによる「善光寺の門前町として、全国の善男善女とご縁を結んできた『結縁』の聖地」、「ながのご縁を　信都・長野市」として、「縁」の文字がプリントされた提灯がぶら下がります。

初めてこの下をくぐる観光客らに善光寺の玄関口はどのように映るものなのか。この駅舎が、善光寺をメインイメージした「信都・長野市」らしさ、その玄関口を表現したものなのか。悠久の歴史を紡いだ善光寺門前の景観としてこれから馴染み、位置づけられていくのかどうか。

善光寺の玄関口の景観は、長野市の長野駅周辺土地区画整備事業と市街地再開発事業により整備され、誕生したものです。駅周辺の土地区画整理事業に基づく道路整備により、商業地域をブロック化し、商業ビルの建設を促進させ、冬季オリンピック・パラリンピック関連事業でホテルなどが建設されました。

仏閣型駅舎の取り壊しに対し、その歴史的価値から保存運動を提唱する新聞広告が掲載されました。保存運動が起きた時はすでに遅く、県内外の多くの人々に惜しまれつつ、戦前の駅舎は重機により押し潰されたのでした。取り壊しの準備は、水面下で進められていたのでしょう。着々と進められた深夜の解体工事を目の当たりにして、涙する人もテレビ放映されていました。この駅舎解体、市街地再開発の裏で、長野駅前の歴史的建物も相次いで姿を消していったのです。

「早春の映光を発した」仏閣型駅舎

仏閣型の長野駅舎（本屋）は、昭和10（1935）年5月10日に鉄筋コンクリート造り一部木造小屋組の銅版葺きとして着工。翌年3月に開業しました。

それ以前の木造駅舎と異なり、この駅舎が注目された点は、「善光寺門前町にふさわしい駅舎」として仏閣型を採用したことにあります。駅のホームに沿って幅を持たせるために初層を切妻造りとし、平入り中央の上層は棟方向を前後に振って切妻屋根を載せ、千

取り壊される前の仏閣型長野駅舎（個人蔵）

鳥破風《はふ》の妻側を前後に向けたことにより、重厚で威厳がありました。幾重にも重ねられた銅板葺き屋根、駅舎正面出入口には唐破風《からはふ》屋根を載せて和風を強調し、同時に建物の中心であることを誇示していました。

昭和11年3月15日の竣工式を報じた信濃毎日新聞記事には、「高さ十八米五間口四十七米奥行四十四米、鉄筋鉄骨材を基材として三層楼屋根は総量十五トン二万円を費やした銅板葺き、内部は一本一千円の花崗岩四本とトラバチン二本の角柱、他は全部リゾイト仕上げの手をつくしたもの、外廊の腰骨は全部大理石、内部ホールの床貼にはタイルと黒御影石腰板には琉球産トラバチンを用ひて華麗豪華を誇っている」とあります。トラバチンとは石灰華とも呼ばれる大理石の一種で、淡褐色あるいは茶褐色を基調とし、多孔質のために装飾用に使われていた石材です。

記事はまた、「仏都を象徴した豪華なローカルカラアと明朗なモダン性を濃く彩って仏閣型長野駅が近代建築学の粋を凝らして竣成した、古典とメカニズムの美しい構成美が早春の映光を発して『仏都長野市』の玄関口に相応しい色彩を多分に滲《にじ》み出している」とも評しています。

設計は、当時、国鉄名古屋鉄道局技手（技師）だった城俊一が担当しました。「長野には善光寺が在るから、それにふさわしい駅舎とするように」という本社の意向で設計したといい、施行は佐藤組（現佐藤工業）が請け負っています。

　この時期は日本各地で、鉄筋コンクリート造りのモダンな西洋風建築が盛んに建てられました。この構法で、和風建築を表現するのは大変なことだったようです。日本独特の唐破風屋根など、波を描くような照り起《むく》り曲線や軒裏などを鉄筋コンクリート造りで仕上げるとなると、木造の技術に遠く及ばないため、長野駅舎は屋根小屋組を木造で形成し、奈良駅舎と同じ試行錯誤を繰り返しながら造られたことがうかがえます。古都奈良の対外的な知名度、一方では庶民信仰の善光寺といったイメージが、おのおのの駅舎の姿へ反映されたのでしょう。長野駅舎は、ひとりの設計者の「仏閣」に対するイメージが、純和風の駅舎を具象化させたものだったのです。

　大正時代後期から昭和10年代にかけて、日本の伝統回帰の機運が強まりました。各地に仏閣型駅舎ができたのは、そのためだといわれます。そうしたなかでも長野駅舎は、帝冠併合様式でも日本趣味でもなく、皇国主義的な印象をまったく受けない、善光寺門前をイメージしたモダンな建物だったのです。

長野駅前にあった五明館（扇屋）駅前支店別館（個人蔵）

環境を意識した楼閣建築

五明館（扇屋）駅前支店別館は、長野駅善光寺口の長野東急ＲＥＩホテルと金龍飯店ビルの向かい側に存在していた建物です。

取り壊されたのは長野駅舎より早い昭和57（１９８２）年ごろです。木造3階建て、初層8間7間、二層6間5間、三層4間3間、入母屋《いりもや》造り桟瓦《さんがわら》葺《ぶ》き、正面側の間口を狭く、二、三層正面濡縁《ぬれえん》には高欄《こうらん》が取り付けられ、「三層楼」といわれていました。

明治26（１８９３）年に刊行された『長野土産　附信濃名所案内』という版画集

が、駅前旅館の広告を掲載しています。そのうち「対旭館ふぢや（藤屋）三層造之図」や「五明館あふぎや（扇屋）四層楼之図」に、「東洋館やまや（山屋）三層楼之図」の宣伝記事が建物の鳥瞰図入りで載っています。いずれの旅館も三層以上の高さとしたのは、藤屋に「対旭館は三層造にして、空気新鮮、衛生上最も適切なる旅館」とあることからもわかります。

　当時、長野市街地の旅館は楼閣建築を競うように建てていました。広告に「五明館ハ最近の建築になれる四層楼にして」とあり、大門町本店は明治26年以前には木造四階建てで

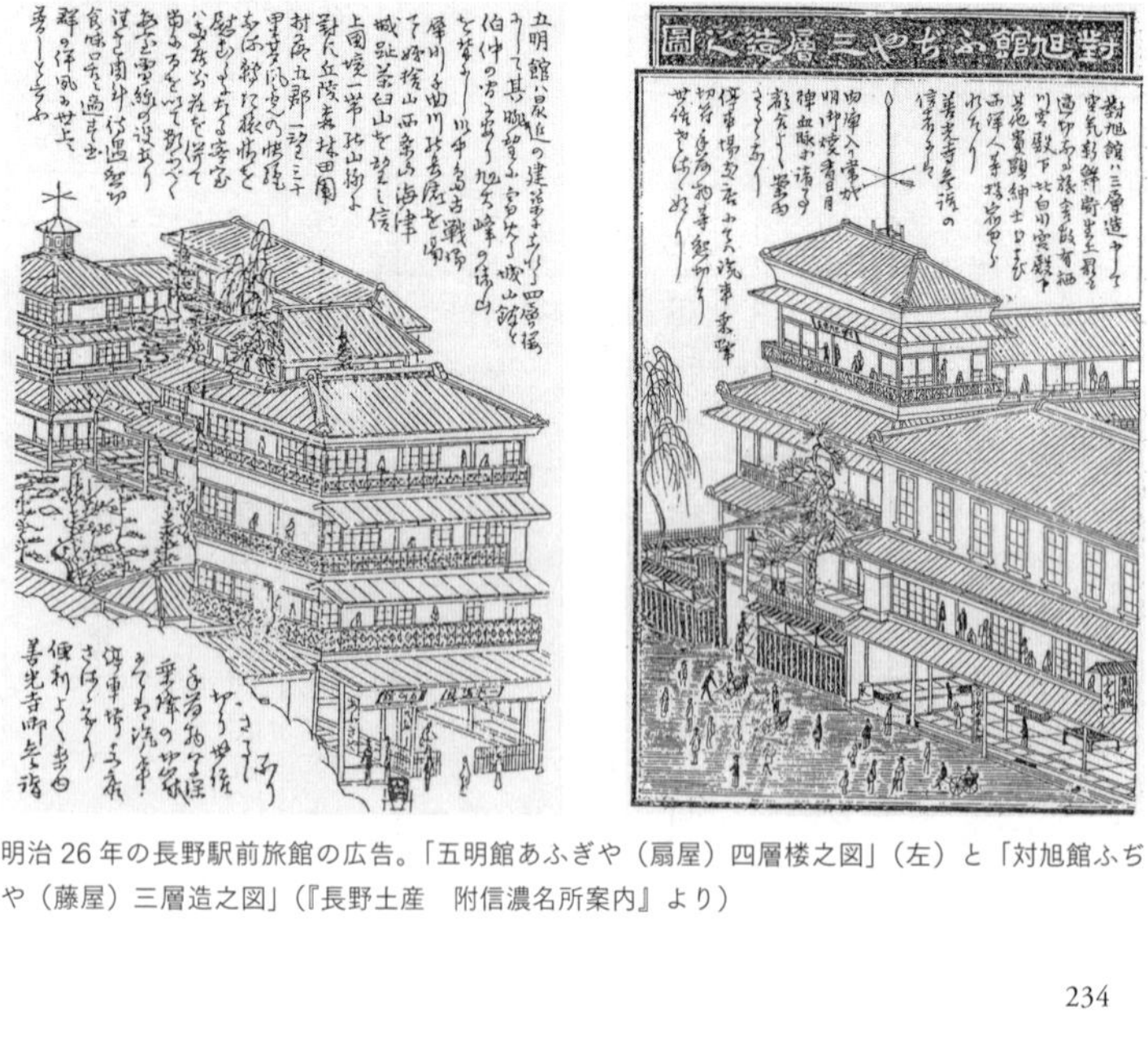

明治26年の長野駅前旅館の広告。「五明館あふぎや（扇屋）四層楼之図」（左）と「対旭館ふぢや（藤屋）三層造之図」（『長野土産　附信濃名所案内』より）

あったことがわかります。また、藤屋対旭館の三層楼は明治25年に建てられており、その前後の建築と思われます。本館裏手には三層楼の別館も描かれ、駅前支店別館との比較ができます。

取り壊された五明館駅前支店別館の三層楼は、旧国鉄職員用宿舎「紫雲寮」としての利用が最後でした。明治末～昭和初期までは本館の裏手（西側）に位置し、離れとして使われていました。本館は昭和20年の駅前道路拡幅に伴って取り壊され、離れの西側へ新築、本館の前面に離れである三層楼の建物が位置する配置に変わりました。このような経緯もあり、この時は取り壊しを免れたのです。

鉄道開業以前、北国街道を通る善光寺詣での旅行客を当て込み、街道の両脇に旅籠《はたご》や土産物屋、問屋《とんや》などが店を連ね、善光寺下に門前町が形成されていました。そのなかでも藤屋旅館は、江戸時代には大名宿に指定された善光寺宿の本陣でした。平成9（1997）年に登録有形文化財に指定されています。

明治期に、鉄道網が整備されたことにより交通手段が変わると、参拝客の流れは一変します。この時期に長野駅前へ旅館や食堂などをいち早く出店したのは、門前町や参道の仲見世通りで商売をしていた店でした。鉄道の開設は各地に旅行ブームを起し、地域経済をより自立させることになりました。

松本市の開智学校を建築した大工棟梁《とうりょう》の立石清重は、東京へ出て西洋建築を見て回り、「西洋」のディテールを収集していたことが、所持していた『東京出府記』によって知られています。明治5（1872）年の学制発布により、近代的な学校を建設したいという地元の願いを叶えようと、彼ら地元の大工たちは苦心の末に木造建築の校舎を造り上げました。この明治期の校舎の形態は日本建築でもなく、それでいて西洋建築でもない擬洋風建築だったのです。それまで見たことのなかった白漆喰《しっくい》の壁にガラス窓を備えた校舎の姿は、地域社会にとっては文明開花の象徴でした。しかし、そうした校舎の建築は明治5年から10年代前半が最盛期で、役所などの官衙《かんが》建築に正統な西洋スタイルが採用されるようになると、だんだん建てられなくなりました。

それでも、商工業界では経済的自立と共に、個性ある斬新な建物を採用するようになったのです。この時期の商工業建築に西洋風の要素が一部にしろ採用されたのは、「西洋建築」への憧れとほかでは見かけない真新しさに宣伝効果があり、豪華さと快適さを思い描いたからでした。

明治37年に刊行された『長野繁昌記』鶴賀新地之部の「大黒楼」によれば、鶴賀新地では「大黒天は七福神の随一に数えられ、大黒楼は鶴賀新地入口左側の第一にあり、明治十七年三月一日先代松本信之輔氏の開業に係り、同二十二年三層楼を建築し後二十五年五月更に五層楼を建築す、五層楼は云ふ迄もなく新地に只一戸あるのみ」と記されています。大黒楼五層楼は別館とし明治25年に建てられたもので、当時の長野町（現長野市）では最も高い建物でした。名称の通り5階建てで、屋根は宝形《ほうぎょう》造り桟瓦葺きで、2階〜4階の窓枠は西洋風、最上の5階は四面に縁を巡らせていました。

『長野繁昌記』旅館之部の「旅舎五明館」の項には、「（前略）大門町西側に巍然《ぎぜん》として聳《そび》え る三層四層の高楼大廈は五明館扇屋旅館にして長野来遊の貴紳は更なり善光寺参詣の道者と云えども之を知らざるものなからん（中略）往年始めて後庭に三層の一小楼を建築せるが実に当市当業改良の先鞭にして早く好模範と称されき（後略）」とあります。また「対旭館藤屋旅館」の項には、「（前略）本店は大門町に欧風三層の建築、日本風高楼と並び巍然として人目を驚かし（後略）」とありました。このように、長野町では明治25年ごろから第二次大戦前まで、別館が本館の離れに高楼として建てられるものが多かったのです。

谷崎潤一郎は、昭和10年刊行の『文藝春秋』7月号のなかで、「近頃は、土地での奮い暖簾を誇る一流の宿屋が、次第に旅篭屋から旅館に転化しつつある。彼等は皆、父祖の代から受け継いだ昔ながらの店の構えはそのままにしておいて、離れた所へ『別館』と称するものを建てる」と、当時のある街道に面した旅館の様子について書いています。ここで旅籠屋と称しているのは、昔ながらの旅籠の面影が残されている旅館のことでしょう。別

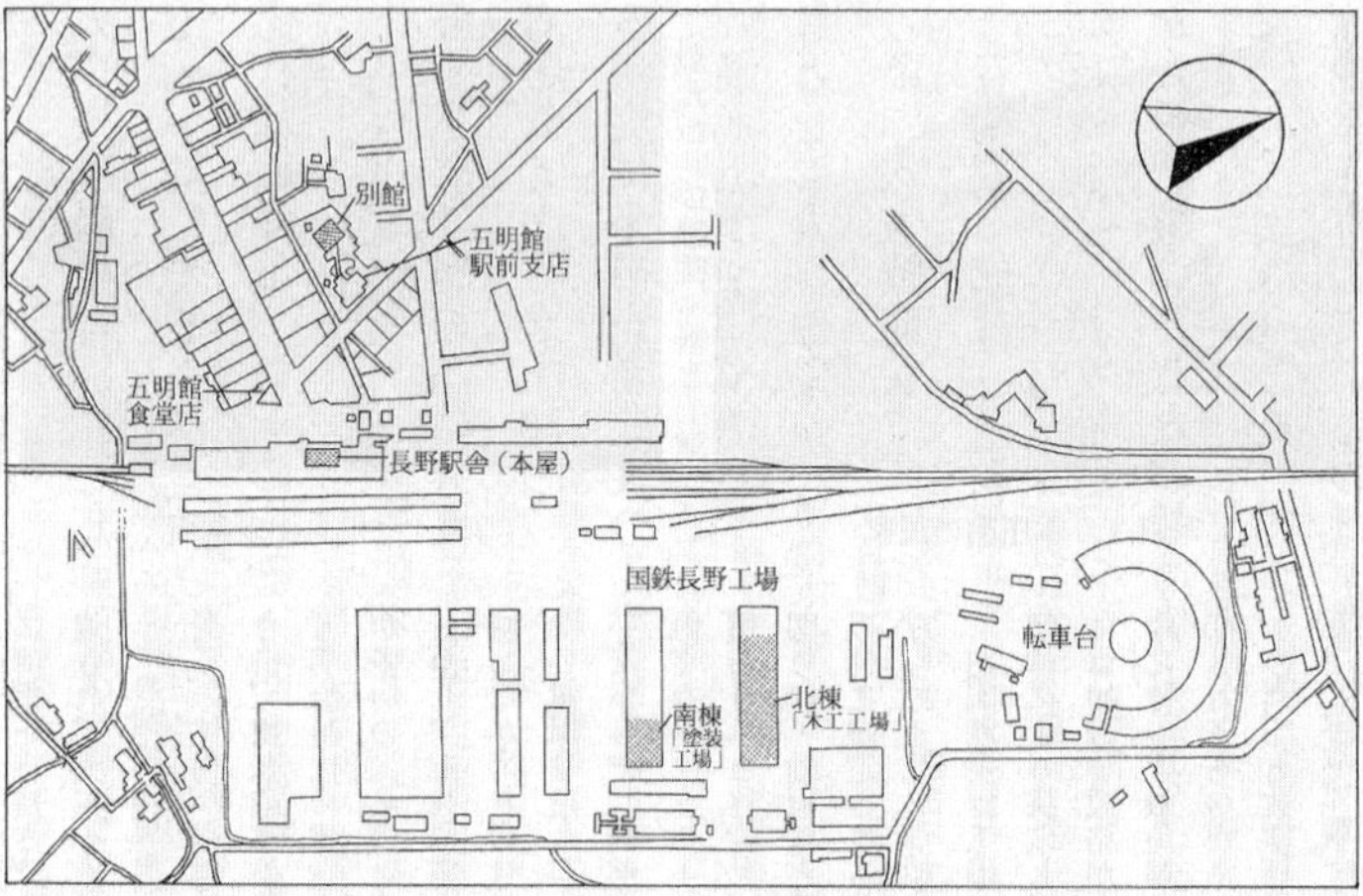

大正末期～昭和初期の長野駅周辺地図（『信濃』第50巻第9号より）

館とは楼閣建築に類するものであったと思われます。

　このように五明館駅前支店別館は、明治時代の長野町で官衙建築に対抗するような商業建築として、主流を占めた楼閣建築を知る上で貴重な存在でした。

再利用してほしかった煉瓦造り建物

　長野駅東口にあるホテルメルパルク西側に、重厚な煉瓦造りの建物2棟が存在したことを知っていますか。当時は旧国鉄長野工場の建物として、駅構内東口より北東に延びる沿線の先に位置していました。しかし、ここも駅前の土地区画整理事業にのみ込まれ、平成5（1993）年12月までに取り壊され、完全に消えてしまったのです。

旧国鉄長野工場の2棟は、南北に並列していました。塗装工場だった南棟は明治37（1904）年ごろ、木工工場の北棟は明治43年年ごろに建築されたものです。煉瓦積の壁体は1段積むごとに目地を食い違える「破れ目地」で、この時期主流だったイギリス積でした。明治時代初期の日本に伝わっていた煉瓦積工は、イギリス積とフランス積（フランドル積）でした。このうち、フランス積は壁厚が煉瓦1枚であるのに対し、イギリス積は壁厚が煉瓦1枚半で全長幅を広く取る構造のため、地震国に有効とされました。

しかし、煉瓦造りは一つひとつの煉瓦を積み上げるため、大正12（1923）年の関東大震災以降は敬遠され、極端に減少しました。今日残る煉瓦造りの建物が明治時代に建築されたものが多いのはそのためです。それでも煉瓦造りが消滅しなかったのは、木造にはない重厚な造りが支持されたからでした。内部に鉄筋を入れてコンクリートを打つ補強積造りへと移行したり、間仕切壁や袖垣など構造材以外に限定して使われたりもしました。

旧国鉄長野工場の壁体解体から採取した煉瓦には複数の規格があり、「上敷免製《じょうしきめん》」と刻印されたものも数種発見されています。上敷免製とは、明治20（1887）年に埼玉県榛《はん》澤《ざわ》郡上敷免村（深谷市上敷免）に設立された日本煉瓦製造株式会社上敷免工場製の煉瓦を示す刻印です。ここは日本最初の機械式煉瓦製造工場でした。

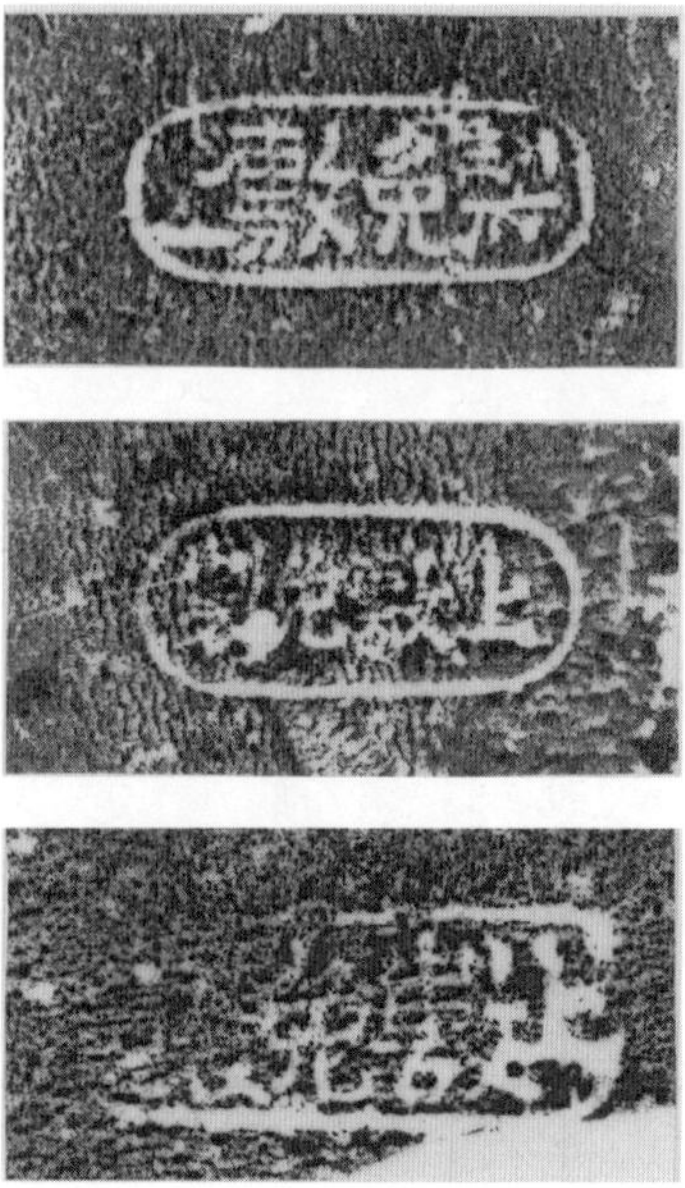

埼玉県の民家（上）旧国鉄長野工場（中・下）の「上敷免製」の刻印（個人蔵）

それまでの建築用煉瓦は、煉瓦窯で焼成する手作りでした。需要の拡大により大量生産が急務となると、ドイツ人技師ヴィルヘルム・ベックマン（1832〜1902）を招き、同じくドイツ人のフリードリヒ・ホフマンが考案した大量煉瓦焼成窯を導入、上敷免工場を造ったのです。同工場には明治40年に築造されたホフマン式輪窯6号窯が現存。「月間生産高で六十五万個の煉瓦が生産された」との記録が残るこの窯は国の重要文化財に指定されています。ここの煉瓦は、三菱一号館（明治27年）、日本銀行本店（同29年）、東京駅舎（大正3年）など、都内をはじめ関東一円の主要な建物に供給されました。

旧国鉄長野工場の2棟は、明治15年以降の一般的な煉瓦積の構法を採用。両棟とも西側部分が取り壊されていたものの、桁行を除けば「梁間一八・二八〇m、軒高四・九〇〇m、棟高八・二七五m」の同寸法による同規模、同構造形式で設計された双子の建物でした。

取り壊される前の旧国鉄長野工場の外観（上）と内部（個人蔵）

妻側の開口部は縦長のアーチ型を三連並べて採光用の窓とし、桁行側の16連のアーチ型開口に軌条《きじょう》（鉄道の線路）が引き込まれていました。列車は軌条上を行き来して整備を受けていたのです。小屋組はプラット型トラスの二連式で、屋根は鉄板葺きでした。南棟はイギリスのドルマン・ロング社製の鉄骨材を主体としていました。北棟では、日本最初の建築用鋼材製造工場として明治34年に開業した官営製鉄所（後の八幡製鉄所）製の国産鋼材を後補の支柱の溝形鋼に使い、ほかにも軌条を転用して中央敷桁材に使用するなど、鉄骨材は南棟ほど均一ではなかったことがわかっています。軌条の転用を含む小屋組鉄骨材には、イギリス、アメリカ、ドイツ、そして日本製品が混在していたのです。鉄骨材の入手に苦労していたことがうかがえます。このため、南棟と北棟の竣工時期は異なり、両棟は双子というより兄弟棟ということになるのです。

明治期に建てられた煉瓦造りの同工場も、仏閣型駅舎や楼閣建築と同様、ほかに類を見ない建築の経緯がわかる貴重な歴史的建物として生き延びてきた末の取り壊しでした。

かくして利便性の追求は成し遂げられ、これまで培われてきた歴史的な雰囲気はこの場所から完全消滅したのです。

利便性追求から歴史的建物活用への提言

平成30（2018）年8月16日付の信濃毎日新聞に「2015年3月に金沢まで延伸した北陸新幹線の利用者が3千万人に到達した」との記事が掲載されました。利用者数は増加の一途です。

しかし、降り立った地がほかの都市とほとんど同じ風景だったとしたら、そんな景観に首都圏の人や近年増加傾向にある外国人観光客は魅力を感じるのでしょうか。リピーターとなってくれるのでしょうか。歴史的景観や歴史的町並みとは、これまで培われてきたもののことです。この場所が歴史的な景観であり、町並みだと強いたり、ある日突然生まれたりするものではありません。

首都圏で、明治期の煉瓦造りの建物を見かけたことはありませんか。これらは偶然残されたものではありません。保存方法を模索し、現代にあった形で活用しているのです。

たとえば、明治30（1897）年に建てられた旧横浜船渠会社第二号ドックは、土木遺産として保存されました。その上で、ドック底に休息用のテーブルを置き、天井を張らない吹き抜けの憩い空間として、その周囲の石組み壁体内部に商業スペースを設けたのです。

ここは、平成9年に国の重要文化財に指定され、「歴史と未来の共生」事例として多くの観光客を招いています。

このように遺そうという意識を持つことで、その後の利活用も、次世代へ引き継ぐこともできるのです。私たちの世代でできなくても、次世代が想像も出来ない活用の仕方を見つけ出してくれると信じること。取り壊してからでは、遺しておけばよかったという後悔しかできません。修繕しながら、利活用の在り方を模索し続けることも大切なことだと思うのです。

古い建物を機能的な建物へと造りかえることが近代的な都市のイメージであるとするならば、それは東京都心部と同じ建物の風景であって、どこの街のなんの施設なのか、一見してわからないものになります。すなわち、利便性だけを追求すれば、これまで培われてきた歴史的な雰囲気は一気に消滅することになります。歴史的建物をどんどん取り壊し、常に再生が容易なビルへと造り替えてゆく。そんな無味乾燥な建物の連続は、決して地域的な背景にはなり得ませんから、愛着といったものは生まれません。いずれまた建て替えがあろうが、保存運動など起きることはないのです。それは、いつでも替えられる映画のオープンセットのようなもの。そんな場所に歴史的雰囲気は育たないのです。

これまで景観の一部としてその場所に在った歴史的建物。その取り壊しは、人々の心をそこから遊離させる作用をもたらします。そのことを十分に認識しないまま、また県内のどこかで、水面下の解体計画が進んでいるかもしれません。最近も国の伝統的建造物群保存地区に指定されている千曲市稲荷山宿で、明治時代中期に建てられた歴史的住宅が突然潰され、県内外の郷土史家や建築史の研究者らが嘆きました。

仏閣型駅舎や煉瓦造りの建物など、歴史的建物を取り壊す行為は建物の寿命からすれば一瞬のことです。そこにあることが当たり前の存在だったものが無くなって感じる喪失感と後悔、それはずっと続くのです。次世代に残す遺産として、「歴史ある建物を再生させることによって文化を紡ぐこと」に目を向けなければなりません。「長野は東京だ」となったら、個性ある町並みは完全に消滅したことを意味するのですから。

（伊藤　友久）

遺跡が語る比類なき風土

"日本最古" を生んだ豊かな自然

長野県に人類の足跡が初めて認められるのは、3万年以上前のことです。粗雑な剥片石器が台地上でまとまって出土した竹佐中原《たけさなかはら》遺跡（飯田市）は、信州でもっとも古い遺跡のひとつです。それらの石器の用途はよくわかりませんが、刃のある利器が人々の生活を豊かにする前触れを感じさせる石器であることは確かです。その後、刃物は急速に進歩していき、立科F遺跡（佐久市）や、沢田鍋土《さわだなべつち》遺跡（中野市）などで台形石器と呼ばれる道具が登場します。

野尻湖遺跡群の日向林《ひなたばやし》B遺跡（上水内郡信濃町）から出土した台形石器には、大きさや均整のとれた形などの面で優れた技術がうかがえます。この石器は国の重要文化財に指定され、信州に最初に住み着いた人々の技と文化水準の高さが評価されています。当時の日本列島で最高水準の石器が、野尻湖周辺で作られていたのです。

この時代、日本列島に登場した蛇紋《じゃもん》岩製の石斧のなかに、刃を磨いて鋭く強くしたものがあります。まさしく人類の英知、石器時代の技術革新を物語る道具のひとつです。国内に800例以上が知られるうち、日向林B遺跡からは60本に及ぶ数が出土しており、日本一に相当する数量です。この石斧が何に使われたのか不明な部分もありますが、湖に集まったナウマンゾウなど大型獣の解体に用いられたとする説が有力です。

信州最古の土器は、約1万6000年前に登場した貫ノ木《かんのき》遺跡（上水内郡

日向林B遺跡（信濃町）から出土した石器（長野県立歴史館蔵）

信濃町）の土器です。長野県内というより、むしろ国内で最古級です。土器の登場をもって縄文時代の始まりと考えるなら、この時期は旧石器時代から縄文時代へのまさに移行期にあたります。やはり野尻湖周辺に、土器づくりの技を持った人々が住んでいたのです。

同じころ、神子柴《みこしば》遺跡（上伊那郡南箕輪村）には、シンメトリックな美しい柳葉形の尖頭器18点と磨製石斧13点がまとまって現れました。優美な神子柴系石器群の出土数67点は日本列島最多です。当時、狩猟活動を行いながら、信州の地に立ち寄った人々が、この地に再び来られることを願って、まとめて隠していったものでしょうか。同様の石器は唐沢B遺跡（上田市真田町）にもあります。石器を精巧に作り上げる高度な技術はユーラシア大陸からの渡来説と日本列島での自生説のふたつがあり、どちらにしても、当時の信州にこうした技術が伝わっていたことがわかります。神子柴遺跡の石器群は日本を代表する遺跡資料として国の重要文化財に指定されています。

信州には、野尻湖以外にも美しく大きな湖がいくつかあります。

明治44（1911）年、学会に諏訪湖底の遺跡が報告されました。そこは曽根（湖底）遺跡と呼ばれ、日本初の文化人類学者である坪井正五郎《しょうごろう》は、北欧で知られていた「水上住居説」をいち早く唱えました。一方で、曽根遺跡は諏訪盆地の地殻変動により湖底に沈んだのだとの反論もあり、有名な「曽根論争」が起こりました。

今では「沈下説」に落ち着いたようですが、湖底から引き上げられた石鏃《ぞく》（やじり）の美しさは絶品です。明治時代から「諏訪みやげ」としてシジミとともに売られ、三角形や長い脚を持つ均整の取れた形は、中部地方の縄文文化開始期の石鏃を代表するものです。

現在でも曽根遺跡の豊富な出土量を超える遺跡はなかなか見つかっていません。食料を煮炊きする土器の登場とともに、動物を射止める石鏃は人類の命をつなぐ重要な発明です。諏訪湖畔に集まった人々が、狩りの方法などいろいろな情報交換をしながら、美しい傑作を作り上げたのでしょう。1万年以上前、諏訪にあった精巧な石鏃作りの技術が、縄文芸術を高めるひとつのきっかけになったことは間違いありません。

このように、旧石器時代さらには縄文文化の開始期に、諏訪湖や野尻湖など信州の大きな湖の周辺に人々が集まり、情報交換などを行いながら、道具作りの技術を高めていったことがわかっています。湖畔で人類の道具製作の技術が育まれたのは、そこに集まる豊かな動物群があってのことでしょう。人々は動物を追って信州の地にやってきて、こぞって湖畔でキャンプしていたのかもしれません。

こうしたことが高い文化水準を示す縄文文化の基層を形作ったと考えられます。自然豊かな信州は、日本列島の背骨部分にあって、縄文文化の重要な基点だといえるのです。

ところで信州には、もうひとつ注目すべき遺跡の特徴があります。それは洞穴《どうけつ》（以下洞《どう》窟《くつ》）遺跡です。縄文時代の初め、大きな湖の周辺に人々が集まる一方で、山の懐にある洞窟も居住地として利用されていました。

全国各地の発掘調査の集大成として昭和42（1967）年に発行された『日本の洞穴遺跡』によると、173の洞窟遺跡のうち18遺跡が長野県にあり、約1割を占めています。信州はいわば洞窟遺跡のメッカなのです。

最古級の縄文土器を出土する洞窟（遺跡）も多く、石小屋洞窟（須坂市、県史跡）や荷《に》取《とろ》洞窟（長野市戸隠）、栃原岩陰遺跡（南佐久郡北相木村、国史跡）などがあります。縄文時代に狩猟や交易などの一時的な滞在場所として利用された痕跡が唐沢岩陰遺跡（上田市真田町）や栃窪遺跡（茅野市）などで確認されています。ただ天井部の崩落などもあったらしく、栃原岩陰遺跡では崩落事故とみられる縄文人の遺体が5体発見されています。

農耕文化の定着する弥生時代になると、洞窟は墓地としても使われ始め、このような習俗は古墳時代以降まで続きます。弥生人を埋葬した鶴萩七尋《つるはぎななひろ》岩陰遺跡（長野市）、古墳時代に葬送や祭祀の儀礼も行った鳥羽山洞窟（上田市丸子、国史跡）などがよく知られています。湯倉《ゆくら》洞窟（上高井郡高山村）では、縄文時代や弥生時代の利用のみならず、近年にはマタギが頻繁に利用していました。今ではマタギも見られなくなりましたが、信州各地の洞窟は酒や氷など日常生活に必要なものを保冷する貯蔵庫としての役割を果たすようにもなりました。

　このように、洞窟は長い間、人類にとって大事な活動空間として利用されてきました。いわば山国の恩恵でもある洞窟が信州にはたくさんあることも、古《いにしえ》から人が住み着く魅力のひとつだったのです。

　さらに約9000年前の山の神遺跡（大町市）では、日本最古の「コ」字状の配石遺構が見つかっています。長さ12mにわたり、礫《れき》を「コ」の字状に並べた配石跡で、瀬田裏遺跡（熊本県）の例と共に重要な構造物として注目されています。また、先端が丸くチャート製で黒い縞《しま》に特徴がある異《い》形《けい》部《ぶ》分《ぶん》磨製石器、いわゆる「トロトロ石器」と呼ばれる特殊な石器が41点もあります。祭祀に用いられたとの見方が有力な石器で、その出土数は日本の最多遺跡のひとつに挙げられています。

古墳時代に葬送の儀礼を行っていた鳥羽山洞窟（上田市）

　山の神遺跡は、北アルプスの常念岳の北に連なる餓鬼岳の麓にあります。

縄文人は、2000m級の山々を聖なる山とあがめてこの地に集まり、自然神への祈りをささげたのでしょうか。神に近いところ、神に会えるところ。そんな場所が信州にはいくつもあります。

〝一級品〟が解き明かす縄文文化の繁栄

縄文時代前期は、日本列島の年平均気温が現在より2度ほど高く、東日本には落葉広葉樹の森が広がっていたといわれています。縄文海進《かいしん》と呼ばれる海水面の上昇もあり、縄文人は豊かな自然環境のなかで、活発な生業活動を送るようになりました。その最大の特質が一定の場所に集まって共同生活を行うことにあったといわれています。広い台地の縁辺や河川に近い微高地などに、長く居を構えることで、本格的な定住生活が始まりました。

八ヶ岳西南麓では、今から約6000年前の縄文時代前期を代表する阿久《あきゅう》遺跡（諏訪郡原村・国史跡）が有名です。大規模な集落跡で、信州以外の地との活発な交流を物語るさまざまなモノが出土しています。昭和51（1976）年に発掘された阿久遺跡の成果は「縄文時代観の再検討を迫る発見」とまで報道されました。発掘後の姿を壊すことなく埋《う》土《ど》保存されて、3年後には国史跡となりました。この遺跡の発掘調査を契機に信州でも遺跡の保存運動が盛んになり、郷土の文化財を守る姿勢が育つようになったのです。

約５５００年前になると定住化はさらに進み、千曲川流域にも地域拠点となるような大規模な集落がつくられ始めました。現在の地表下３ｍに埋もれて発見された松原遺跡（長野市）では、大量の土器や石器と共に、珍しい垂飾《すいしょく》品が出土しました。縄文の垂飾といえば、ヒスイ製の大珠《たいしゅ》ですが、それよりも数百年も昔、蛇紋岩を用いた特別な垂飾品が流行していたのです。玦状《けつじょう》耳飾５点、「の」の字状垂飾２点、帽子状垂飾１点、石斧形垂飾２点、曲玉《まがだま》状垂飾１点の５種類11点セットが出土しました。こうした多種類の垂飾品がひとつの遺跡で見つかったのは松原遺跡と倉輪遺跡（東京都八丈町）の２カ所しかありません。松原遺跡の垂飾品は、定住化の進む過程で、千曲川の畔で人や物の交流が活発化していたことを示す重要な資料といえます。

文化的な情報が、はるか数百㎞も離れた海上の島々と同じように、信州にも伝わってきていることは、まさに縄文文化の情報伝達網の要所に信州の地があったことの証ではないでしょうか。「文化の十字路信州」のゆえんとなるところです。

縄文時代中期は、信州の縄文文化が最も繁栄した時期です。これぞ縄文土器と言わんばかりに華やかに加飾された土器は、見る人をくぎづけにします。装飾には人の顔面、土偶、蛇体、動物的装飾、抽象的絵画文などがあり、信州を中心とする中部山岳地域の特色とされます。こうした全国的にも例を見ない縄文土器158点が、平成30（2018）年9月に「信州の特色ある縄文土器」として長野県宝に指定されました。

犀川右岸の標高約550mのところには、約4000年前の北村遺跡（安曇野市明科）があります。縄文時代中期後半から後期前半にかけての集落跡で、集落の中央部付近の墓地から約300体の縄文人骨が発見されました。日本列島内陸部での人骨発見例としては最大規模で、昭和63年の発見当時、「日本考古学史上・日本人類学史上最大の発見」といわれたほどです。

300体の人骨からは、形質人類学的な所見はもちろんのこと、最新の科学を用いたタンパク質の分析（コラーゲン分析）が行われました。すると、虫歯がほとんど見られないこと、足腰が頑強なこと、成人以上の死亡年齢が高いこと（長生き）、栽培植物（C3植物）の摂取量が多いことなど、それまでの縄文人のイメージをくつがえす事実が判明しました。発見から30年が経過し、分析結果の解釈に修正を求められるようになりましたが、信州で中部山岳地域に暮らした縄文人の超一級の資料が出たことは疑いようのないことです。今日、長野県立歴史館を訪れる多くの人々が、驚愕の眼差しで出土人骨に接しています。数千年前に生きた人間の暮らしに思いをはせ、長い歴史の上に今の我々があるのだと、文化の重みと人間の自覚さえ喚起させられる、そんな力をもつのも縄文人骨ならではの歴史的な価値です。

信州の類いまれな縄文文化として、忘れてはならないのが黒曜石です。信州では、ふたつの黒曜石鉱山が国史跡に指定されています。星糞《ほしくそ》峠黒曜石原産地遺跡（小県郡長和町）、そして星ヶ塔黒曜石原産地遺跡（諏訪郡下諏訪町）です。この最古の信州ブランドは、石鏃などの狩りの道具、ナイフなどの解体具の材料として人々の生活を支えました。現在、信州ブランド黒曜石は、北は北海道函館市、南は福井県敦賀市または奈良県香芝市まで運ばれていたことがわかっています。

この黒く輝く山の石は、数千年前には信州から日本各地に発信されていました。八ヶ岳の山々は豊かな恵みを縄文人に与え、縄文文化を熟成させました。「縄文のビーナス」と「仮面の女神」、ふたつの国宝土偶もこの地で誕生しています。これら縄文文化の繁栄を示す遺産群は、平成30年5月に「星降る中部高地の縄文世界」として日本遺産に認定されました。

信州にある遺跡やそこから出土するものは、日本列島のなかでも珍しいものが多く、一級品ばかりです。魅力的な資源が豊富にあり、人と物とが自由に往来し資源を共有できたこと、人間の心の豊かさが文化の豊かさとなって結実し、信州縄文文化の繁栄を導いたのです。このような文化を生みだした風土が信州の誇りです。信州に生きた縄文人から1万

時代	時期・炭素年代値 およその年代値（年前）	遺跡名
旧石器時代	30,000	竹佐中原 立科Ｆ　沢田鍋土 日向林Ｂ
	終末期 16,000	神子柴　唐沢Ｂ　貫ノ木
縄文時代	草創期	石小屋　荷取　曽根 栃原　湯倉
	早期 9,000	山の神
	前期 6,000	阿久
	5,500	松原
	中期 5,200	（信州の特色ある縄文土器）
	後期 4,000	北村
	3,500	栃窪　星糞
	晩期 3,200	唐沢　星ヶ塔
弥生	中期 2,000	鶴萩七尋 榎田　松原　柳沢 恒川遺跡群
	後期 1,800	篠ノ井遺跡群
古墳～		鳥羽山

長野県内の主な遺跡の編年表（本文掲載遺跡）

年近くをかけて粛々と引き継がれてきたものが、現代の信州にも生きていることを意識したいと思います。

遺跡が語る物流２０００年の歴史

信州の弥生文化の特質をひとつ挙げると、稲作技術とともに伝わった大陸系磨製石器の生産があります。水稲耕作には木製農具は欠かせません。木材を切り倒す石斧は２０００年前の信州にあったであろう小さなクニで生産されていました。石斧を作るムラは千曲川沿いにある松原遺跡と榎田《えのきだ》遺跡（長野市）です。このふたつのムラが協力して完成した石斧は、信州を飛び出して北陸や関東にまでブランド品として流通していました。まさに最古の信州ブランド黒曜石とは別の信州ブランドがもうひとつ、時代の先進的な流通戦略のもとで各地にもたらされていたのです。

ものづくりの技術と広く流布させる技術、まさに現代社会の縮図ともいえる仕組みが、

２０００年前の信州には確実に芽生えていました。大陸系磨製石器の生産と流通網の整備は経済社会を成熟させ、クニの誕生に結びついたと考えられます。そうした比類のない遺跡が信州の弥生時代にはあったのです（シリーズ第2巻『広い世界とつながる信州』参照）。

千曲川右岸につくられた大規模な集落遺跡のひとつ、再び松原遺跡（長野市）の登場です。遺跡からは３００軒近くの竪穴住居跡が発見され、上信越自動車道建設に伴う発掘調査の部分だけでも、約４６００点の石器が出土しました。まさに東日本で最多といえる数量です。さらに注目されるのは豊富な種類です。

縄文時代の系譜を引く打製石鏃や磨石《すり》、独鈷石《どっこ》、環状石器のほか、弥生時代を特徴づける石斧や石庖丁などの大陸系磨製石器、磨製の石戈《せっか》や石剣《せっけん》、さらに半玦《はんけつ》状勾玉《まがたま》や管玉《くだたま》、石製指輪にサメの歯状垂飾品まで、あらゆるものがそろっています。また国内には類例のない形の漆塗り竪櫛《たてぐし》、日本最古級の一木づくりの木鎌なども出土しています。これら資料の存在は弥生時代の信州が日本列島、特に中部や東日本へ稲作文化を普及させるフロンティアのような地域であったことを強く物語っています。

日本に定着した稲作文化、特に水稲耕作を中心とする農業には、日本列島独自に発達した農業の祭りが生まれました。そのひとつが青銅器を用いた祭りです。

平成19（２００７）年、柳沢遺跡（中野市）から、それまで九州地方など西日本を中心

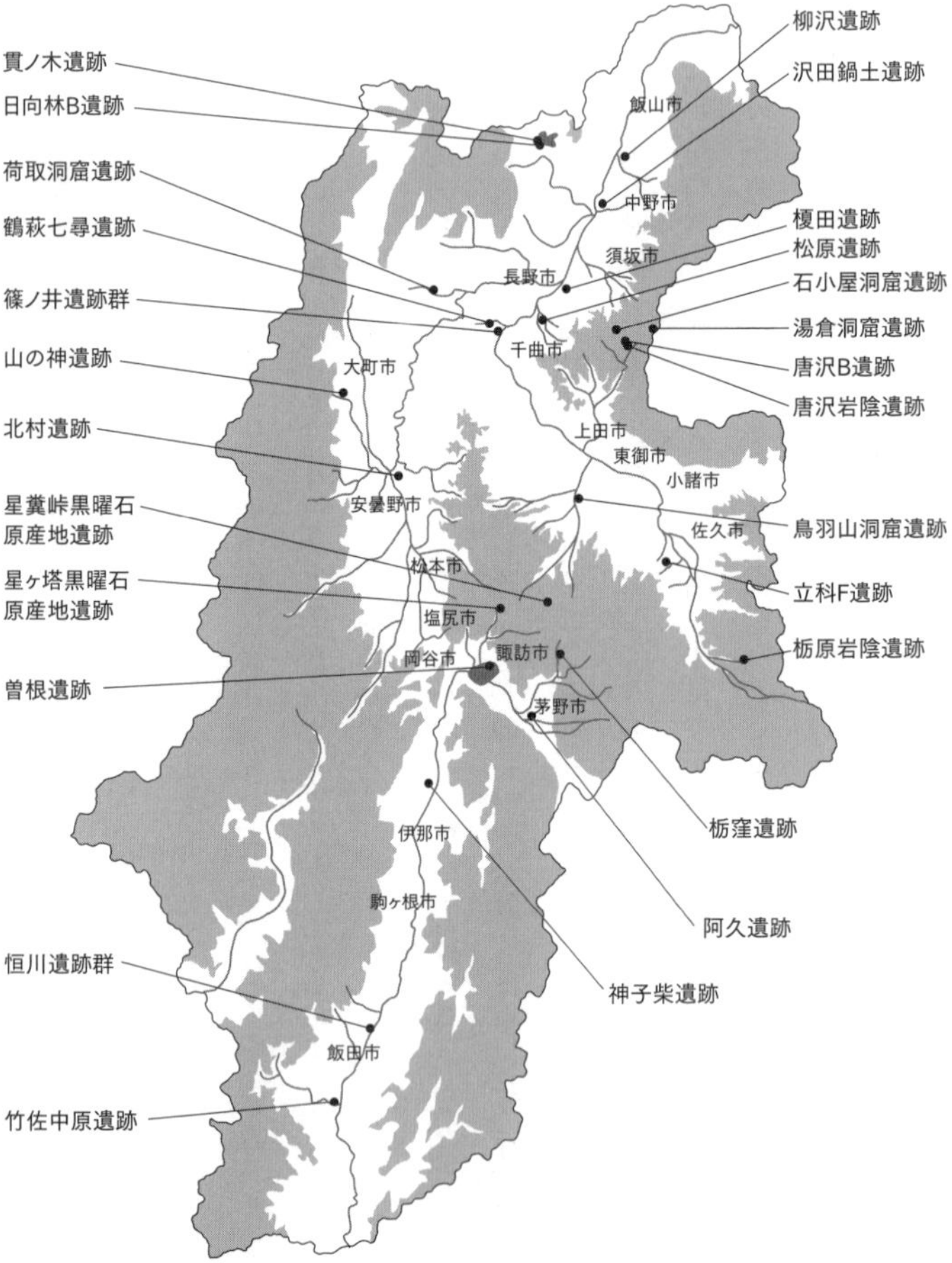

長野県の主な遺跡（本文掲載遺跡）

に分布すると考えられていた青銅製の銅戈《どうか》・銅鐸《どうたく》が見つかりました。教科書でしか見ることがなかった銅鐸が、信州にもあったのです。青銅器は小さな土坑（埋納坑）に行儀よく納められ、埋める作法まで西日本と同じでした。注目されたのは銅戈8本のうち、7本が近畿型、1本が九州型であった点です。近畿地方に九州型銅戈の発見例はなく、柳沢遺跡の銅戈の由来は日本海側ルートを通って九州へと一気に延びました。

この銅戈の発見により、文化の伝播は意外に早く、九州から鳥取などを経由して信州へと飛び石のように伝わったと考えられるようにもなりました。飛び石の飛ぶ先は偶然ではありません。縄文文化の繁栄をもたらした自然豊かな土地、高い技術を創出した土地、そして物流拠点として先進性のある土地、そうした歴史的風土をもつ信州が目的の土地だったのではないでしょうか。

稲作文化が飛躍的に進展した弥生時代後期は石器から鉄器への材質転換が起こります。1800年前ころ、いよいよ金属器時代の始まりです。信州には弥生石器が豊富にあり、大陸系磨製石斧の生産体制が整備されていたので、石から鉄への転向も、その生産流通ルートを使って信州全域に同じ速さで伝わり、新時代に対応できたとも考えられます。流通経済をコントロールできる地域にクニが誕生し、王が登場してくるのでしょう。しかし権力のあるところ、必ず争いが起こるのも世の常です。

この時期の信州北部では、ベンガラをふんだんに使用した「赤い土器（箱清水式土器）」が盛んにつくられました。甕《かめ》などの煮炊きの土器以外はすべて赤く塗ります。日常の器類《うつわ》に〝赤〟が占める社会を想像できるでしょうか。赤は血の色、赤飯の色、果ては赤の絨毯《じゅうたん》に赤の広場まで。赤い土器の作られた時代、信州にも大規模な環濠《かんごう》集落（防御用の堀を巡らす集落）が出現します。なかでも長軸約190m、面積約2万8000㎡の篠ノ井遺跡群（長野市）の環濠が県内最大規模にあたります。まさに世にいう「倭国乱」の時代です。大きな日本歴史の動きのなかに、信州北部が飲み込まれていきました。

その反面、伊那市以南の信州南部は、恒川《ごんか》遺跡群（飯田市）に代表されるように東海地域との交流を深め、豊富な打製石器（打製石庖丁・有肩扇状《ゆうけんせんじょう》形石器）を持つ独特な農業文化が開花していました。水稲耕作と畑作、天竜川に発達した段丘面を巧みに利用した農業の在り方が成熟していました。そこに環濠集落はなく、それをつくらなくてもよい社会、自立型の農業社会が成立していたようです。

このように1800年前ころの信州は、農業や生産の在り方から南北ふたつの弥生社会が作られていました。遺跡を見る限り、このふたつはまったく質の違う文化に見えます。しかし人と物が自由に往来する社会に違いはなく、他を排斥しない風土は同じです。だからこそ、良くも悪しくもさまざまな情報が入り込み、それをかみ砕くことで独特な信州文化を作り上げることができたのかもしれません。

高速自動車道や新幹線など、高速で移動する時代がやってきました。じきにリニア新幹線も開通します。稲作の定着と共に信州の南北に開花した農耕文化。東日本地域に稲作を伝播するフロンティアとしての役割を担った信州。日本のほぼ中央に位置し、雄々しく聳《そび》え立つ日本アルプスは障壁ではなく、むしろ東西文化のフィルターとして、東と西の日本の顔を信州に見せてくれます。双方への情報伝達の重要な位置に信州はあるのです。

遺跡はさまざまなことを教えてくれます。誰でも拒まず受け入れることのできる風土、自然の恵みを誰とでも分かち合うことのできる風土。そんな素晴らしい風土が一級品を呼び込み、独特な文化をつくり、類まれな文化遺産を残したのではないでしょうか。遺跡の発掘調査から、いま一度、足元を見つめて、未来に託すべき信州の姿を創造してみませんか。

（町田　勝則）

過去からの贈り物を伝える

歴史や文化の「証人」

私たちはたくさんのモノに囲まれて生活しています。日々進化する現代社会に歩調を合わせ、快適な生活を維持するためには、古いモノを消し去り、新しいモノを取り入れなければなりません。しかしながら、親しい人との思い出の品をいつの間にか不燃ごみとして出してしまい、悲しい思いをしたことはありませんか。

人それぞれに事情は異なっても、消してはいけない大切なモノがあります。ありふれているからといって、皆がまわりのものをことごとく捨ててしまったらどうでしょう。将来、子孫たちが過去を復元することは不可能になってしまいます。文字に書かれた歴史書は、現在進行形の記録と共にちまたにあふれているし、川の流れのように淀みない人々の歴史は自明の理なのだから、捨ててしまっても大丈夫、と胸を張る人もいるかもしれません。

でも、どうでしょう。文字がない先史時代の歴史は、もともと実物資料のみから組み立てられたものですし、記録がある時代の人々の生活や文化は、モノが遺されているからこそより具体的に実感できるのではないでしょうか。たとえば、平安時代の仏像を直接見て、その仏様と目が合った瞬間、実際にその仏像がつくられた時代が過去にあり、当時それを拝んだ人が本当に生きていたのだ、ということを感じ取れます。モノ、つまり実物資料は、歴史あるいは文化の「証人」ともいえるのです。

3万年を越える日本列島の長い歴史には、輝かしい歩みとともに、社会的な抗争や戦争、弱者への虐待など自分たちの祖先の仕業と思いたくないような負の部分があります。時にはそこから目を背けたい、記憶から消したい、あるいは自分の都合の良い形に書き換えたいという無意識の意志が働き、エスカレートすることすらあります。しかし、さまざまな「証人」が健在ならば、正の遺産のみならず、負の遺産をも含むすべての事象が「物的証拠」として、後世に伝えられることになります。特に近年は、記憶を整理し、新しさを求める風潮があります。だからこそなおさら、過去の物的証拠を持ち続けることに大きな意義があると思います。

これら歴史の「証人」を含めた「学術上価値の高い歴史史料」や「建造物、絵画、彫刻、工芸品、書跡・典籍、古文書その他の有形の文化的所産で我が国にとって歴史上または芸術上価値の高いもの並びに考古資料」は、「有形文化財」と呼ばれます。これらは、無形文化財、民俗文化財、記念物、文化的景観、伝統的記念物群、文化財の保存技術、埋蔵文化財とともに「文化財」群を構成しています。文化財は、それを保存し活用することによって、「国民の文化的向上と世界文化の進歩に貢献するもの」と文化財保護法にうたわれています。この法律は、貴重な資料を文化財に指定し、法的に守り、活用していくために、昭和25(1950)年に制定されました。特に貴重な文化財は国宝や重要文化財に指定され、管理や修理の際は補助を受けるなど、手厚い保護の対象となっています。

長野県内の国宝は現在9件、重要文化財は179件に上ります。最近は、文化財を持っている地域がその魅力を広く発信するためのストーリーを作り、文化庁による「日本遺産」認定を受け、積極的に整備、活用しようとする動きが増えています。人類にとって普遍的価値を持つ不動産に対するユネスコの「世界遺産」への登録も注目されます。

文化財の所有者は、個人や法人のほか、地方公共団体、国などさまざまです。博物館が管理し所蔵する、歴史や考古、芸術産業、自然科学などの資料も多くは有形文化財であるため、「文化財が貴重な国民的財産であることを自覚し、これを公共のために大切に保存」(文化財保護法第4条)することが求められています。

しかし、総じて文化財を保存するということは決して生易しいことではありません。人為的な破壊をはじめ、地震や集中豪雨などの天災、生物被害、環境汚染など、文化財のまわりには劣化や崩壊を誘うタネが数多く潜んでいるからです。たとえば、IS(イスラミックステイト）などによる中近東の遺跡破壊や、全国の寺社に飛び火し、長野県内でも平成29（2017）年に見つかった善光寺（長野市）の本堂への落書きなどに代表される人為的な文化財の汚損は極めて残念です。自然のままの状態では消えてしまいがちな「証人」を、そうした自然に逆らって後世に送り出すためには、不屈の信念と努力が必要なのです。

実は、日本の近代博物館の成立に、滅んでいってしまう文化財の保護が大きくかかわっています。これはフランスのルーブル美術館をはじめ西洋の大博物館の多くが、王侯貴族のコレクションや帝国主義の時代に諸外国から持ち帰った戦利品を市民に公開することを目的に発展してきたこととはやや異なる、日本の博物館の特色のひとつといえます。

消えゆく文化財を守ろう

明治維新によって誕生した新政府は、国家の近代化という旗印のもとにそれまでの体制や旧制度を排除していきました。殖産興業と富国強兵をうたいつつ、社会構造に変化を与え、旧来の道徳観や価値観を変えていったのです。

特に、天皇を中心とした中央集権国家を作るために、神道を保護します。平安時代からの本地垂迹《ほんじすいじゃく》説に基づいて、神と仏が一体のものとして信仰されてきた神仏習合の信仰形態の解体に乗り出しました。

明治元（1868）年に発布された一連の「神仏分離令」では、神職と僧侶を兼業する者に還俗《げんぞく》と神主《かんぬし》あるいは社人《しゃにん》（神職の呼び名）への改称を迫りました。神社での仏教儀礼は廃止され、仏像をご神体とする神社には仏像や仏具類の撤去などが指示されたのです。

地域や寺社ごとにかなりの差はあるものの、明治新政府のこうした意向を異常なほど過剰に忖度《そんたく》した寺社や一部の住民は、それまで信仰対象であった仏像や堂宇を競売にかけたり、取り壊したりして廃棄しました。その結果、国宝級の文化財の多くが失われ、あるいは海外に流出していきました。中央、地方を問わず、寺院は荒廃していったのです。長野県でも戸隠山顕光寺《けんこう》などにおける民衆主導の破壊に加え、松本藩内20カ寺の一時廃寺にみられるような藩主・藩臣の意向による強行もあり、多くの寺院が消滅しました。

このような惨状を憂えていたのが、明治政府の洋学教育機関である大学南校（東京大学の前身）物産局に大丞《たいじょう》として赴任した薩摩出身の町田久成《ひさなり》です。町田は明治4年、全国の寺社の宝物を調査し、仏像や寺宝など「古器旧物《こききゅうぶつ》」を保護するために、日本初の文化財保護法である「古器旧物保存方《ほぞんかた》」の制定を太政官に求めます。

「古器旧物保存方」には、「古器旧物（文化財）は時代の変遷、制度、風俗考証に不可欠の材料なので、各地で品目や所蔵者をリスト化してまとめ、しっかり保護するように」という旨が記されています。この布告の後、明治5年には明治政府が初めての全国的な文化財調査「壬申《じんしん》検査」を実施します。明治17年には岡倉天心やフェノロサらによる京都、奈良など全国の寺社宝物の調査、さらに明治21年には臨時全国宝物取調局が置かれ、文化財の所在を調査して目録を作り、保護するための体制が整っていきました。

東京国立博物館初代館長を務めた町田久成像
（東京国立博物館蔵）

政府は明治6年、徳川幕府の権威の象徴であった城郭の破却を進めるため、「全国城郭存廃ノ処分並兵営地等選定方」（廃城令）を出します。ここでも全国的に多くの城郭が失われ、長野県内でも小諸城、飯山城、高遠城、高島城、松代城、龍岡城、飯田城などが、建物払い下げや天守破却などによって消えていきました。現在まで伝わる建物は、後に旧飯田城内に設けられた官公庁の正門となった飯田城の桜丸御門、料亭や小諸義塾の校舎として使われた小諸城大手門、田口小学校（佐久市）の校舎に転用された龍岡城の御台所など一部しかありません。

松本城でさえ、明治5年に競売にかけられ、落札されました。ところが、下横田町の肝《きも》煎《いり》（副戸長）だった市川量造《りょうぞう》が筑摩県の権令《ごんれい》（県知事）に宛てて、松本城天守での博覧会開催を提案し、5回の博覧会開催で得た資金で天守を買い戻して破却から救いました。その後、天守の修理を訴えて天守保存会を立ち上げた旧制松本中学校長の小林有也《うなり》や、市民の募金などにより残された松本城は、昭和11（1936）年に国宝保存法による旧「国宝」、昭和27年に現在の国宝に指定されていきます。

「古器旧物保存方」公布の1カ月前、町田久成はその散逸を防ぎ、展示公開する施設の設置を促す「集古館設立の献言」を起草しました。「集古館」とは、現在の博物館にほかなりません。結局、集古館は実現しませんでしたが、文化財を保存し、展示する施設をつくるという彼の構想は、明治15年、東京上野の寛永寺跡地に建てられた「博物館」（現東京国立博物館）として結実します。7カ月という短い期間でしたが、町田は初代館長に就任しました。総合博物館建設を目指した2代館長田中芳男（飯田市出身）とともに、功績が後世に伝えられています。当時、最先端の産業技術や国内の物産を広く伝えるために、内国勧業博覧会が盛んに行われ、教育的な目的を担った植物園や動物園もできました。しかし、あくまでも日本の博物館の始まりには、消えゆく文化財の保護があったのです。

続く博物館の文化財保存

それから140年近く経った現在も、博物館は貴重な資料を守り、後世に伝えるために大きくふたつの取り組みを続けています。

ひとつには、保存科学（Conservation Science）の手法を用いて、文化財の自然劣化を予防する取り組みです。収蔵庫や展示室の環境を細かく分析して適正に保ち、さまざまな劣化因子から資料を科学的に守っているのです。たとえば、材質に応じた湿度の調整や、ガス除去フィルタの付いた空調機や大規模な換気による空気の循環、粉塵源の出入り制限による室内汚染への対策です。さらに、文化財に深刻な被害を与える文化財害虫やカビには、資料の薬剤燻蒸《くんじょう》を行い、侵入経路を監視して各部屋や各棚の清掃を徹底します。よりデリケートな歴史公文書や古文書の保存には、中性紙で作った専用の保存箱を用いて資料の劣化を遅らせ、汚損を防ぎます。

ふたつめは、地域の文化財収集です。古くから地域や個人宅に伝えられてきた古文書などが、代替わりによって売られたり、盗難や災害で失われたりすることがあります。そのため、博物館への寄贈を促し、あるいは救出して修復するなどの手だてを講ずるのです。既に古書店などに売却されてしまっている場合は、資料の重要性によっては買い戻すこともあります。また市民一人ひとりに地域の文化財の重要性を知ってもらうための講座、講習会などの開催も、貴重な資料の散逸を防ぐために博物館に課された重要な使命です。

多くの博物館はこうした取り組みを通じて、過酷な環境を耐えられなかったり、地

長野県立歴史館の古文書書庫

域ではもう守れなくなったりした資料を収容してきました。つまり未来に伝えるためのセーフティーボックス、言わば文化財の「記憶装置」としての役割を担ってきたのです。

ただ、傷みが進行してしまった資料、あるいは発掘調査で地中から掘り出された脆弱《ぜいじゃく》な資料は、単にセーフティーボックスに入れているだけでは何も解決しません。この場合は保存科学の手法に基づく手当てが必要です。資料を恒久的に少しでも安定な状態に導き、未来へ遺していく「保存処理」と呼ばれる化学処理を施さなくてはならないのです。特に、文化財のなかでも木製、金属製、紙製などの資料は、当初から脆弱で、いわゆる「入院」や「治療」を要するものが多くあります。保存処理や修復（修理）を遂行する機関は、「文化財ホスピタル」の役割を担っていることになります。長野県立歴史館もそのひとつです。

社宮司遺跡（千曲市）から出土した「六角宝幢」（複製、長野県立歴史館蔵）

平成13（2001）年、名勝「姨捨の棚田」の麓に位置する更科郡家《ぐうけ》関連の官衙《かんが》遺跡、社宮司遺跡（千曲市）から、国内で初めて平安末期に作られた六角形の木製の仏塔

「六角宝幢《ほうどう》」が出土しました。全長１８０㎝で、宝珠《ほうじゅ》、笠、幢身《どうしん》、蕨手《わらびて》、風招《ふうしょう》、風鐸《ふうたく》などに分かれ、幢身には9体の阿弥陀如来が描かれています。パーツごとに樹種や作りが異なることから、破損部分を修理しながら、長年使い続けられたとみられます。精巧な作りは中央の職人の手によるもので、仏に帰依《きえ》する法会か供養のために立てられた塔と推測され、「末法の世」の到来といわれた当時の世相や、庄園や寺社建立などを通じて都とつながった地域史を解明する上で極めて重要な文化財です。

一般に、遺跡から出土する木製品は、長年土中に埋まっている間に細胞壁を構成する多糖類が急激に減少して脆弱化しています。そのため本体内部の水を樹脂で置き換えるという方法で保存処理を施すことが必要です。社宮司遺跡の六角宝幢は劣化の度合いの異なるさまざま木から成っていたため、奈良文化財研究所で慎重な真空凍結乾燥処理と亀裂の充《じゅう》填《てん》などの修復が進められました。現在、長野県宝として長野県立歴史館で保管され、同時に作成された精巧な複製品とともに、展示や教育普及に活用されています。

このほかにも、ここ30年の間に長野市から千曲市にかけての千曲川の低地に立地する石川条里遺跡、川田条里遺跡などでは、高速道路建設に伴う発掘調査で木製農具などが大量に出土しました。長野県立歴史館では今も「中部高地の基礎資料」として保存処理を進めています。

ただ、傷みの発見があまり遅くなると、通常の保存処理自体が極めて難しくなる場合があります。特に出土してから十数年保管されてきた千曲市屋代遺跡群の木製祭祀具はそのようなケースに該当します。これらは飛鳥・奈良時代、埴科郡家や信濃国府に近い千曲川の旧流路で行われた祈りや祓いの祭祀で使われた道具であり、当時の人びとが罪や穢《けが》れを移したとみられる人形、神の乗り物としての馬形、結界としての斎串など、どれも貴重な文化財でした。そのため平成20年4月から8名のスタッフが、6年計画で緊急保存処理事業を開始しました。まず細胞壁を膨潤化する処理方法を研究し、続いて乾燥で湾曲した資料の形状を回復するとともに、全体をポリエチレングリコール樹脂で強化していきました。

ただ、著しく劣化した資料は、重病患者のように処理後も過酷な環境を避けて保管し、状況を観察し続ける必要があります。貴重な文化財を滅失させないために、細心の注意を払うことが、博物館展示を支えているのです。

長野県立歴史館での屋代遺跡群（千曲市）出土の木製品約8000点の緊急保存処理の様子

文化財を未来へ

保存処理は、静かに、粛々と行われ、文化財の修復も、修復箇所があまり目立つことなく、資料本体の方に来観者の目が注がれて初めて、よい仕事だといえます。ただ、国際文化財保存学会アメリカ支部が早くも１９６７年には、「保存専門家は文化財の保護を主張しなければならない」と記したように、「文化財ホスピタル」は、控え目で自らの主張をしない文化財の劣化に気を遣い、声なき声を外部に発信する役割があります。

実際、修理するために詳細な観察をしていると、過去に製作した人物のくせや思考が偶然見えてくることがあります。そしていつの間にか、過去の製作者との親近感が生まれています。文化財を遺すということは、広く自分とつながるアイデンティティーの維持と継承でもあるのです。

私にとって、それがさらに直接的に感じられたのは、北米北西海岸に位置する先住民の博物館とそこを拠点にした文化の継承に触れた時でした。

アメリカのワシントン州にあるマカー族博物館は、１９８１年までに発掘調査されたオゼット遺跡から出土した資料を中心に収蔵、展示しています。それらは白人の渡来によって生活が変化し、特定の居留地に住むことを余儀なくされてきたマカー族本来の高度な文化を証明するもので、煮炊き用の木箱、樹皮や根、草の茎を編んで作ったバスケットや衣類、木製オール、建築部材などがあります。平成24（2012）年に収蔵庫を訪れた際、整然と収納された総数約5万5000点全てをポリエチレングリコール樹脂によって保存処理して未来へ遺すことにした理由を、同博物館の職員は「先祖からの贈り物だから」と語ってくれました。

先人たちの活動によって生み出された文化財を守り、未来へ伝えていく仕事は、私たち一人ひとりが、地域社会が、そして人類全体が、さらには地球上の生命全体が、46億年の悠久の時間のなかに存在し、子孫を残し、生き抜いてきた行動の証を紡いでいくことにほかなりません。

人々が道に迷った時、不安な時に、過去の歩みを振り返り、自らの立ち位置を確認することができれ

マカー族博物館（アメリカ・ワシントン州）の収蔵庫

ば、これから未来に向かって進む方向を見誤るリスクは、最小限に止められるのではないでしょうか。

長野県観光部による統計調査（平成29年度）によると、国宝の本堂のほか、3点の重要文化財を有する善光寺には年間約642万人、天守閣が国宝、城跡が国史跡に指定された松本城には約92万人、特別名勝特別天然記念物の上高地には約123万人の人が訪れます。また、国史跡森将軍塚古墳（千曲市）を中心に行われる森将軍塚まつりに参加する人は1日で約2万9000人、重要無形民俗文化財の大鹿歌舞伎（下伊那郡大鹿村）を観る人は1回の公演で約1000人に上ります。

人々が文化財に引かれるのは、守り伝えられてきた本物を見ることで、より確かな祖先達の歩みを確認でき、心が癒やされるからではないのでしょうか。古今東西を問わず、観光ガイドブックに必ずといっていいほど文化財が記載されているのは、多くの人がそれを求めている証です。そして文化財が前向きに活用される仕組みづくりが進むことによって、さらに人が集まり、継承への道筋ができるのです。

心のよりどころの文化財であればこそ、守り、未来への橋渡しをすることが大切です。記憶装置としての博物館はその一端として、誕生の精神を忘れず、見識と良心によって使命を全うしなければなりません。

博物館の使命には、収集、整理、保存、調査研究、展示、教育普及があります。特にその土台を形成している「保存」という使命は、過去の膨大な遺産を文化財として選択して遺し、未来につなげることなのです。文化財としての資料が存在するからこそ、学術根拠を背景とした展示があり、それに基づく教育普及やデータベースができます。対象は多種多様ですが、どのような素材であろうと、選択した文化財が劣化しそうであれば快適な環境を準備し、既に劣化してしまったものには保存処理を施して延命を図ります。それは、人間のように傷みを自発的に主張できず、自力では生きながらえない文化財に第2の生命を与える救済の技です。

文化財の修復担当者、あるいは保存を決断した人々の命は、悠久の人類の営みのなかでは一瞬に過ぎないといえます。しかし、遺された資料はその後の100年、さらには1000年後の人々が、祖先たちの歴史を振り返り、物事を判断するための材料となるかもしれません。資料の命を生かすのも現在の私たち、断ち切るのも私たちです。そうであるのなら、人類にとってかけがえのない財産であり、歴史の「証人」としての文化財を大切に守り、保存の考え方や技術とともに子孫たちに伝えていきたいと私は考えます。

（水澤　教子）

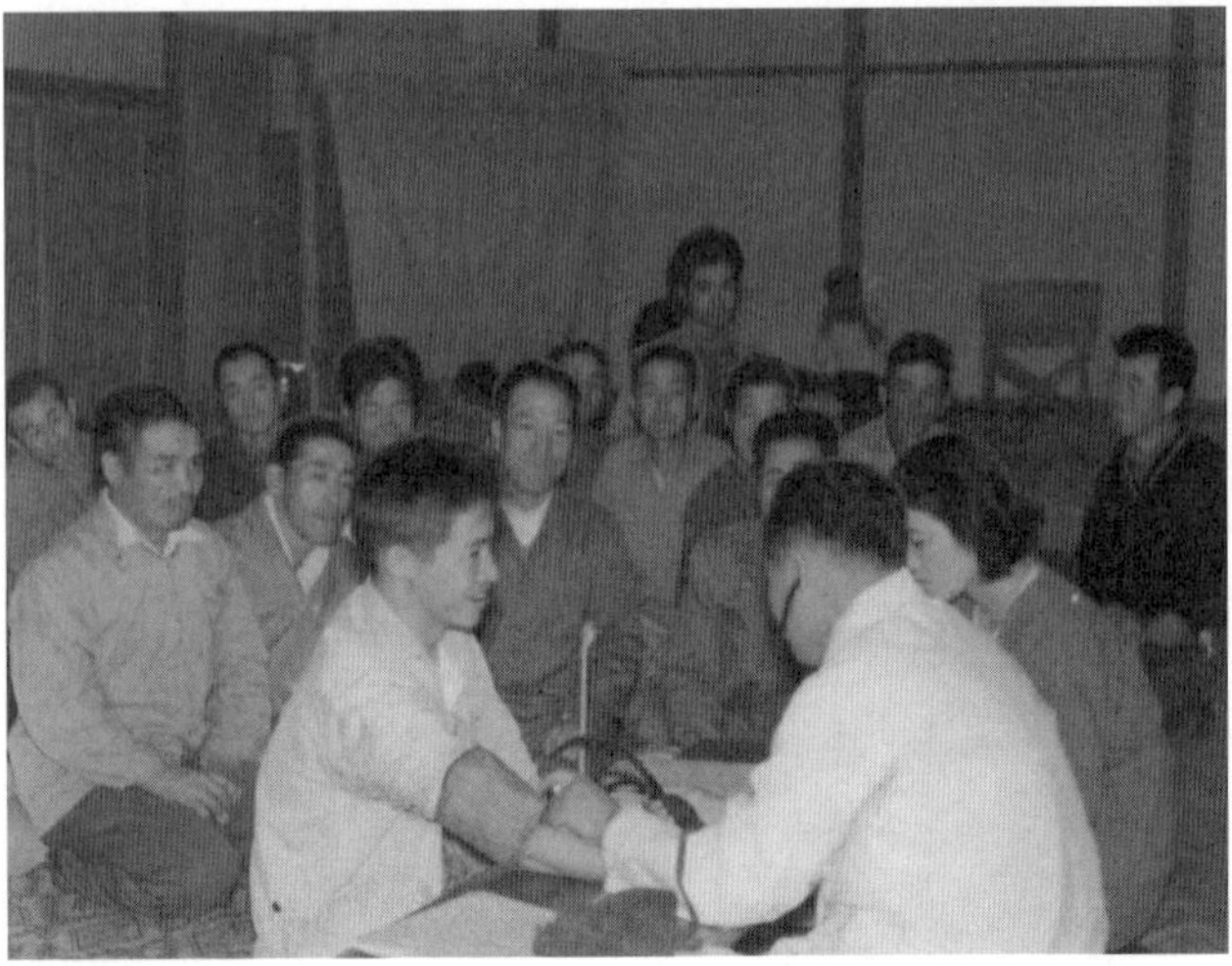

昭和41年、南佐久郡佐久町（佐久穂町）で行われた農薬散布者たちを対象にした検診（信濃毎日新聞社蔵）

健康は日常生活から

長寿県への道のり

「病院で手遅れの患者さんの手当をすることも大事だが、医師が村々に入って行って病気を早く発見して治療することの方が、より大事ではないか」

地域医療の実践で有名な医師、若月俊一の言葉です。

昭和32（1957）年に国民健康保険法が改正され、医療費自己負担分がその都度、窓口徴収されることが決まり、農民が医者にかかることが難しくなりました。

それまでは盆と暮れにしか現金収入のない農民の医療

費を村が一時的に立て替え、農産物を出荷してお金が入った時に支払えばよかったからです。

それでは病気を悪化させてしまうー。こうした状況を改善しようと立ち上がったのが若月でした。若月は南佐久郡八千穂村（佐久穂町）の井出幸吉村長らが制度差し止めを求め何度も陳情を行う様子や、国の法律に長野県の一地域だけ従わないということができない現状を近くで見てきました。農民が医者にかかりやすい環境を整備したい井出と、受診できずに手遅れになる患者の多さを改善したい若月の思いが、昭和34年に八千穂村で始まった「全村健康管理」に結実します。

村ぐるみの健康診断により、徐々に健康実態が明らかになりました。健診で病気が発見された人にはすぐに治療が行われ、「診療の手遅れ」と「手遅れで亡くなった」患者の割合は、昭和36年の8・1％から昭和42年には2・5％にまで減少しています。

若月は診療出張を積極的に行う一方で、病気予防としての農民体操を広めたり、病気に対する知識をつけるために演劇部を立ち上げたりなど、村民の衛生知識と健康意欲の向上に努めます。ほかにも、農具による怪《け》我《が》や農薬中毒、寄生虫病といった農村特有の病気を研究する日本農村医学会を昭和27年に設立し、初代学会長に就任するなど、若月の活躍と農村医学発展の時期は重なります。

昭和20年代に始まった若月と佐久総合病院の活動は、日本の地域医療の考え方に大きな影響を与えたことは間違いありません。

長野県の地域医療には、もうひとつの大きな特徴があります。保健師の多さです。

戦後の混乱期、長野県内の伝染病の罹患《りかん》者が戦中の倍以上にまで膨れ上がっていました。予防接種が広まるにつれて罹患者は減少していきましたが、猛威を振るったチフスや赤痢などの急性伝染病と並んで、長野県が予防対策に力を入れたのが結核や性病などです。この時、保健衛生を担当したのが保健所でした。特に保健予防の健康指導や健康相談、母親学級の普及に積極的に取り組み、効果を上げていきました。現場で保健衛生の最前線に立っていたのが保健婦（現在は保健師）です。

しかし当時、長野県は保健婦の数が不足していました。長野市に通年制の長野県保健婦養成所（長野県公衆衛生専門学校の前身）ができたのは終戦間近の昭和

20年4月でした。以降、多くの保健婦を育てます。その後、新法に基づき昭和27年11月からは保健婦専門学院が保健婦の育成にあたりました。同校では教育の重点を農村保健婦養成におき、当時はあまり取り上げられていなかった農村保健を教科として新設しました。その充実ぶりは他県からも高く評価されました。この環境で学んだ保健婦たちは積極的に農山村に出向き、保健指導に取り組みました。

現在でも、厚生労働省の「衛生行政報告例」(平成28年)によると、人口10万人あたりの保健師数は76・6人(平成28)で、全国平均の40・4人を大きく上回る全国1位です。また、保健師が就業している場所は市町村や保健所の割合が7割を超えており、地域医療の促進に保健師が大きく関わっていることがわかります。

戦時下の農村での労働不足による生産減少や、終戦直後の急激な人口増加、さらには自然災害や天候不順もあって、終戦直後の長野県は深刻な食糧危機に陥っていました。外国や政府、他県からの「食糧放出」も行われましたが食糧不足は深刻で、タニシやヒキガエルの佃煮、アカザや薯《いも》の茎まで、食べられるものは何でも食べたといわれます。当時、栄養失調者が続出し、栄養確保への要望が急激に高まりました。そこで活躍したのが栄養士です。

栄養士は、栄養学の父とされる佐伯矩《さえきただす》が自分の門下生をこう呼び、国民の栄養改善に当たらせたことが始まりです。栄養士たちは、栄養を確保するため、大豆や芋類、乾燥小魚類を使ったり、牛や豚の骨髄、内臓、血液の食用や加工法の指導を中心に行いました。

栄養士法が制定された昭和22年以降、昭和23年の医療法、昭和27年の栄養改善法などの制定とともに、国民の栄養に対する関心が高まっていきます。長野県でも、国民病といわれていた結核患者への栄養指導や、キッチンカーを導入して各地で栄養改善に取り組んできたのです。

昭和55年の県民栄養調査で、長野県民の食塩摂取量は15・9g/日となり、全国平均に比べて2・9g/日も多いという結果が出ました。長野県は脳卒中(脳溢血《いっけつ》・脳梗塞《こうそく》)多発県であり、塩分の過剰摂取による高血圧が原因のひとつであることから、塩分の過剰摂取をどう抑えるかが課題となりました。特に信州の郷土食ともいえる漬物や塩イカなど、大量の塩を使って保存をする食品が多いため、県民減塩運動や食卓〝愛〟の運動などで、食生活の改善に取り組みます。昭和56年の県議会定例会に提出された長野県栄養士会の陳情書に「あらゆる品目からせめて1年で1gの塩分を減らし、3年間で3gの塩分を減らそうという考えを持っている」との記述があるように、こうした減塩運動に積極的に取り組んでいたことがわかります。

＊＊＊

近年、長寿県長野という言葉を見聞きする機会が増えました。テレビや本でも「長野県の長寿の秘密に迫る」といった特集が多くみられます。

平成27年の都道府県別生命表の概況によると、長野県の平均寿命は男性が81・75歳で全国2位、女性は87・67歳で1位と、男女ともに全国トップレベルです。

しかし、長野県はずっと長寿県だったのか、というとそうではありません。昭和40年の平均寿命は、男性68・45歳で全国9位、女性に至っては72・81歳で全国26位でした。長野県の平均寿命が全国1位になったのは、男性が平成7年、女性はなんと平成22年とつい最近のことです。長寿県とは言えなかった長野県が、今日のように元気な高齢者にあふれる長野県となった理由のひとつに、地域に入り込んでの病気予防、保健衛生や栄養のための地道な活動があったことは否めません。

昭和22年に「人生50年」を迎えた平均寿命は、昭和60年代に「人生80年」になり、今では「人生100年」が間近に迫っています。これまで積み重ねてきた地域医療や、保健師、栄養士たちの活動が、長野県民の健康に対する意識の高さ、健康づくりの土台をつくり上げてきたのです。

（加藤　廣美）

「おばあさん、このごろ血圧はどうですか」。
昭和41年、バイクを降りて話しかける佐久病院の保健婦（信濃毎日新聞社蔵）

あとがき

信州に関わる歴史的事象、文化などについて、長野県立歴史館職員が歴史的視点から執筆した「信州を学ぶ」シリーズの完結編です。第1、2巻では足元から世界に目を向けて信州の生活や先人たちの思いなどを描いてきました。第3巻では信州の新たな時代を展望しています。

歴史を学ぶことは、ただ、歴史的事象や先人たちの偉業を学ぶだけではなく、歴史を後世に伝えるとともに、私たちの未来を築く知識、知恵を得ることにつながります。

歴史館は、信州に関わる歴史的資料を保存するとともに、学びの場や情報を提供するなど歴史を未来に紡ぐ役割を担っています。皆さんが信州の歴史を学び、また、地域課題の検討や未来を展望するとき、歴史館を利用してください。当館も皆さんと信州の未来を展望していきたいと考えています。

最後に、第1、2巻に続き第3巻を出版していただいた信濃毎日新聞社及び編集を一括して行っていただいた山崎紀子氏に感謝申し上げます。

2019年3月

長野県立歴史館副館長兼管理部長　伊藤　靖

主な参考文献

青木村誌編纂委員会「推定東山道跡の発掘調査」『青木村誌歴史編上』青木村誌刊行会（１９９４）／青森県「青森県管内海嘯被害概況表　明治二十九年六月二十二日調」『青森県史資料編　近現代２』（２００３）／青森県近代文学館『特別展　陸羯南と正岡子規』図録（２００７）／石井幸孝『人口減少と鉄道』朝日新聞出版（２０１８）／石毛直道『日本の食文化　旧石器時代から現代まで』岩波書店（２０１５）／石毛直道・佐原真『講座　食の文化１人類の食文化』味の素食の文化センター（１９９８）／石﨑武志編『博物館資料保存論』講談社（２０１２）／伊藤友久「取り壊された歴史的建物」『信濃第五〇巻第九号』（１９９８）／伊藤友久「近世近代遺構の調査・保護・活用　長野県内の事例を中心として」『長野県の考古学Ⅱ』長野県埋蔵文化財センター（２００２）／井深大『井深大　自由闊達にして愉快なる』日経ビジネス文庫（２０１２）／岩井熊蔵『長野繁昌記　付善光寺案内』銀杏堂書店（１９０４）／上田市教育委員会「国分遺跡群」『上田市文化財調査報告書第86集』（２００２）／内田百閒『第一阿房列車』福武書店（１９９１）／宇都宮浄人『鉄道復権―自動車社会からの「大逆流」』新潮社（２０１２）／老川慶喜『日本鉄道史幕末・明治篇』『同大正・昭和戦前篇』中央公論社（２０１４・２０１６）／近江俊秀『道路誕生』青木書店（２００８）／尾見智志「(9)小泉条里水田遺跡」『上田市文化財調査報告書第１０１集』上田市・上田市教育委員会（２００６）／科学技術振興機構『産学官連携ジャーナル２０１４年11月号』（２０１４）／唐木田又三『信州松代焼』信毎書籍出版センター（１９９３）／北原克宣「戦後日本における食料需要政策の展開過程とその性格」『立正大学経済学季報第60巻３号』（２０１１）／木下良『日本古代道路の復原的研究』吉川弘文館（２０１３）／旧豊津町教育委員会「呰見樋ノ口遺跡」『旧豊津町文化財調査報告書第22集」旧豊津町教育委員会（２０００）／建設省北陸地方建設局千曲川工事事務所『信濃の青竜　犀川』（１９９４）／小出博治『みんなともだち―世界に広がる一校一国運動』長野国際親善クラブ（２００２）／小出博治「二十一世紀を託す子どもたちに視点を据えた教育を―「一校一

国運動」を通して」『信濃教育第１３４６号』（１９９９）／高妻洋成「保存修復の手順と結果」『一般国道18号（坂城更埴バイパス）建設事業埋蔵文化財発掘調査報告書2―千曲市内その2　社宮司遺跡六角宝幢保存修復編―2』長野県埋蔵文化財センター（２０１０）／小林宇一郎・小西純一ほか『信州の鉄道物語』（上）（下）信濃毎日新聞社（２０１４）／小松隆史「近世信濃の窯業史研究」『金沢大学考古学紀要26』（２００２）／小柳義男・小山文夫『信州赤塩焼』いいづな歴史ふれあい館（２０１８）／小柳義男「赤塩焼の歴史」『赤塩焼シンポジウム資料』（２０１８）／近藤尚義「長谷鶴前遺跡群」『長野県埋蔵文化財センター年報三四』（２０１７）／真田久「長野オリンピックにおける小学校児童の活動とオリンピズムの理解について」『ＪＯＡタイムズ23号』日本オリンピック・アカデミー（１９９９）／斎藤瀏『悪童記』三省堂（１９４０）／佐原真『講座食の文化1人類の食文化』味の素食の文化センター（１９９８）／笹本正治『蛇抜・異人・木霊』岩田書院（１９９４）／笹本正治『山に生きる』岩田書院（２００１）／笹本正治『甲信の戦国史』ミネルヴァ書房（２０１６）／笹本正治監修『山の恵み』ほおずき書房（２００４）／蚕糸・絹業提携グループ全国連絡協議会『純国産絹ブランドブック「シルククリエイターズ　純国産宝絹の創り手たち」』（２０１４）／ＪＡ長野厚生連佐久総合病院「健康な地域づくりに向けて―八千穂村全村健康管理の五十年」（２０１１）／清水昭治「篠ノ井周辺の陶業」『長野第45号』（１９７２）／Ｗ・シュタイニッツアー『日本山岳紀行』信濃毎日新聞社（２０１３）／白沢勝彦「木製品の保存は水分を取り除く」『ふるさとの文化財を守る』長野県立歴史館（２００４）／「信州学」研究委員会『わたしたちの信州学』長野県教育委員会（２０１６）／菅江真澄『菅江真澄遊覧記1』平凡社（１９６５）／須坂市『須坂市誌』第5巻（２０１６）／須坂東高等学校六十年史編纂委員会『鎌田を仰ぐ六十年―長野県須坂東高等学校の歩み―』（１９８０）／須藤裕之・菱田次孝「わが国の食料自給率と食品ロスの問題について」『名古屋文理大学紀要第10号』（２０１０）／関英夫『博物館の誕生―町田久成と東京帝室博物館―』岩波書店（２００５）／台東区立書道博物館『画家・書家　中村不折のすべて』（２０１３）／大日本蚕糸会『シルクレポート２０１８年10月号 No.59』（２０１８）／高木啓「一校一国運動の今日的展開」『オリンピッ

クの遺産と地域に与えた影響に関する社会学的研究―長野オリンピック（１９９８年）を題材として』関東学園大学経済学部（２０１１）／高木啓「「遺産」としての「一校一国運動」」『〈オリンピックの遺産〉の社会学』青弓社（２０１３）／谷和隆「長野県内に運ばれた黒曜石」『長野県立歴史館研究紀要第11号』（２００５）／高橋茂樹・小野義道・佐藤正和「高速道路におけるアスファルト舗装の『解体新書』プロジェクト」『土木学会論文集Ｅ１（舗装工学）Vol.71 No.3（舗装工学論文集第20巻）』（２０１５）／谷崎潤一郎「旅のいろいろ」『陰翳礼賛』中央公論社（１９７５）／田淵行男『安曇野』朝日新聞社（１９７６）／田淵行男『安曇野挽歌』朝日新聞社（１９８２）／土屋智美「一校一国運動を経験して」『オリンピック・パラリンピック教育に関する有識者会議第３回資料』／堤隆『浅間―火山と共に生きる』ほおずき書籍（２０１２）／東奥日報社『孤高の新聞「日本」―羯南、子規らの格闘』図録（２０１５）／冨田俊一「〝赤塩焼〟復活への挑戦」『Ｂｏｏｋｌｅｔ信教Vol.92』信濃教育会（２０１８）／鳥居龍蔵『諏訪史第一巻』信濃教育会諏訪郡会（１９２４）／鳥越皓之「水のあるくらし」『季刊民族学１４５号』千里文化財団（２０１３）／長野県『長野県史　通史編第４巻近世一』（１９８７）／長野県『長野県史　通史編第６巻近世三』（１９８９）／長野県『長野県政史　第３巻』（１９７３）／長野県『長野県町村誌』長野県町村誌刊行会（１９３６）／長野県栄養士会『長野県における栄養改善のあゆみ』（２００４）／長野オリンピック国際協力募金実行委員会『長野オリンピック国際協力募金成果報告書』（２００１）／長野県看護協会50周年記念誌編集委員会「看護のあゆみ―50周年記念誌―」（１９９８）／長野県教育委員会『長野県教育要覧１９６１』（１９６１）／長野県教育委員会『長野県教育要覧２０１７』（２０１７）／長野縣教育史刊行会『長野県教育史第一巻総説編一』（１９７８）／長野県行政文書「陶器製造法調」『明治十二年陶器一件観業課』（１８７９）／長野県埋蔵文化財センターほか『更埴条里遺跡・屋代遺跡群―総論編―』（２０００）／長野県埋蔵文化財センター「宮ノ反Ａ遺跡」『上信越自動車道埋蔵文化財発掘調査報告書17』（１９９９）／長野県埋蔵文化財センター『掘ってわかった信州の歴史』（２０１３）／長野県立歴史館『最古の信州ブランド黒曜石―先史社会の石材獲得と流通―』図録（２０１８）／長野県立歴史館『世界と地域を見つめた長野県教育―信山育材―』図録（２００２）／長野県立歴史館『ＳＯＳふるさとの文化財をすくえ―伝えたい古人の心と技―』図録（２００３）／長野県立歴史館『君は河童を見たか！』図録（２０１８）／長野県立歴史館『夢をのせた信州の鉄道―失われた鉄路の軌跡―』図録（２０１６）／長野県立歴史館『信州の風土と歴史　川』（２０１７）／長野市都市開発部長野駅周辺土地区画整理事務所『長野駅周辺土地区画整理事業のあらまし』（１９６６）／西国分寺地区遺跡調査団『武蔵国分寺跡北方地区「日影山遺跡・東山道武蔵路」』西国分寺地区遺跡調査会（１９９９）／日本アスファルト協会ｗｅｂ（２００７）／日本国「雑事／海嘯被害続報」『官報』（１８９６）／農業共済新聞『世界初のハイブリッド品種の育成～大正から昭和期の日本経済の支え　今では作物や家畜に利用～蚕の外山亀太郎博士』（１９９４）／農林水産省大臣官房『平成22年度食料需給表』（２０１１）／農林水産省『今後の蚕糸業のあり方に関する検討会　最終報告書』（２００７）／農林水産省地産地消推進検討会『地産地消推進検討会中間取りまとめ―地産地消の今後の推進方向―』（２０１５）／林誠「明治三陸地震津波の新聞報道と絵画―洋画家・中村不折による『日本』の挿画より」『長野県立歴史館研究紀要20』（２０１４）／原武志『「民都」大阪対「帝都」東京　思想としての関西私鉄』講談社（１９９８）／番匠『旧国鉄長野工場解体調査報告書』文化財建造物保存技術協会（１９９４）／東日本旅客鉄道長野支社長野工場内１００年史編集実行委員会『長野工場　百年の軌跡』（１９９０）／水沢教子『縄文社会における土器の移動と交流』雄山閣（２０１６）／宮城県『宮城県海嘯誌』（１９０３）／矢羽勝幸編『江戸時代の信濃紀行集』信濃毎日新聞社（１９８４）／山下文男『哀史三陸大津波』青磁社（１９８２）／山奈宗眞調『三陸大海嘯岩手県沿岸被害調査表』（１８９６）／八幡一郎「3古代人の洞穴利用に関する研究」『日本の洞穴遺跡』日本考古学協会同穴遺跡調査特別委員会（１９６７）／吉澤政己「長野駅舎」『長野県史美術工芸編・建築』長野県史刊行会（１９９０）／吉田基晴『本社は田舎に限る』講談社（２０１８）／吉村昭『海の壁　三陸沿岸大津波』中公新書（１９７０）／和田登『ぼくらの心は国境を越えた―地雷ゼロへの願い―』岩崎書店（２００２）

長野県立歴史館とは

平成6(1994)年11月、考古資料、歴史的価値を有する文書、その他歴史資料等を収集・保存し、広く県民の利用に供し、その教養及び文化の振興に寄与する目的で開館しました。展示や情報を伝える博物館的機能を担う総合情報部門、埋蔵文化財を保存・公開する考古資料部門、行政文書・古文書を扱う文献史料部門の3部門からなります。

国史跡の森将軍塚古墳のふもと、「科野の里歴史公園」にある

1階は文書・遺物の収蔵や整理・保存などのスペース、200人収容の講堂、2階に常設展示室、企画展示室、閲覧室などがあり、屋外には「縄文の森」「万葉の野」「中世の林」が広がります。

「信濃の風土と人びとのくらし」をテーマにした常設展示のキャッチフレーズは、「みて、ふれて、体感して」。原始―八ケ岳のふもとにある国史跡の阿久遺跡をモデルにした「縄文のムラ」、中世―鎌倉時代の善光寺門前、近世―江戸時代前期の中農農家、近現代―六工製糸場(長野市松代町)の実物大復元展示は臨場感あふれます。

「長野県立歴史館展示案内」「長野県立歴史館展示資料目録」のほか、企画展図録、研究紀要、ブックレットなどの出版物、ピンバッチなどオリジナルグッズを販売するミュージアムショップもあります。

重要文化財の「長野県日向林B遺跡出土品」(後期旧石器時代、斧形石器・台形石器など)「長野県吉田川西遺跡土壙出土品」(平安時代、緑釉埦・皿など)「鳥羽院庁下文」(平安時代)、長野県宝の「動物装飾付釣手土器」「屋代遺跡群出土木簡」「大文字の旗」のほか、県埋蔵文化財センターから移管された発掘出土品、県内外から寄贈・寄託された古文書、明治以降の県庁文書(一部は長野県宝)など多数収蔵。年2回の企画展のほか、季節展、巡回展を開催。年間にわたって各種講演会・講座(出前講座を含む)やイベントを実施しています。

アクセス/しなの鉄道屋代駅または屋代高校前駅から徒歩25分。長野自動車道更埴ICから車5分。高速道路バス停「上信越道屋代」から徒歩5分

執筆・監修

笹本正治

Sasamoto Shoji　館長

1951年山梨県出身。77年名古屋大学大学院文学研究科博士前期課程修了。同大学文学部助手を経て、84年信州大学人文学部助教授、94年同大教授。2009〜14年同大副学長。16年より現職。専門は16世紀を中心とする日本史学。

著書は『甲信の戦国史―武田氏と山の民の興亡』(ミネルヴァ書房)『中世の音・近世の音―鐘の音の結ぶ世界―』(講談社学術文庫)『災害文化史の研究』(高志書院)『山に生きる―山村史の多様性を求めて―』(岩田書院)など多数。

執筆（五十音順　歴史館での主な担当業務）

畔上不二男

Azegami Fujio　総合情報課

展示(近世)、常設展示室の管理、ボランティア対応など。丸子町(現上田市)出身。

飯島公子

Iijima Kimiko　総合情報課

展示(古代・中世)、広報など。愛媛県出身。

伊藤友久

Ito Tomohisa　文献史料課

行政文書の閲覧・収集・保存・公開など。飯田市出身。

伊藤　靖

Ito Yasushi

2018年度まで副館長兼管理部長。現社会福祉法人豊智福祉会課長。長野市出身。

大竹憲昭

Otake Noriaki

2018年度まで総合情報課長。現長野県埋蔵文化財センター調査指導員。東京都出身。

小野和英

Ono Kazuhide　文献史料課長

行政文書や古文書の収集・保存・整理などの総括。北安曇郡池田町出身。

加藤廣美

Kato Hiromi　総合情報課

展示(近世)、職場体験学習、体験イベントなど。長野市出身。

近藤尚義

Kondo Naoyoshi　考古資料課

館蔵資料(木製品)の保存・修理、管理・公開など。長野市出身。

白沢勝彦

Shirasawa Katsuhiko　考古資料課

館蔵資料(金属製品)の保存・修理・管理・公開など。長野市出身。

寺内隆夫

Terauchi Takao　総合情報課長

展示・教育普及、閲覧情報管理などの総括。大阪府出身。

（撮影・２０１９年３月31日現在）

西山克己
Nishiyama Katsumi　考古資料課長
遺物の収集・保存・整理などの総括。神奈川県出身。

林　誠
Hayashi Makoto　総合情報課
展示（近現代）、企画展の開催、収蔵環境の管理など。東京都出身。

福島良彦
Fukushima Yoshihiko　学芸部長
総合情報課、考古資料課、文献史料課からなる学芸部の総括。下伊那郡高森町出身。

町田勝則
Machida Katsunori　総合情報課
展示（原始）、閲覧、図書資料収集、博物館実習など。群馬県出身。

水澤教子
Mizusawa Kyoko　総合情報課
本書の企画・制作担当。展示（古代・中世）、講座運営など。北佐久郡軽井沢町出身。

溝口俊一
Mizoguchi Shunichi　総合情報課
２０１８年度まで総合情報課。現佐久市立佐久城山小学校教頭。長野市出身。

村石正行
Muraishi Masayuki　文献史料課
古文書の閲覧・収集・保存・公開、古文書講座、県史料協議会事務局など。須坂市出身。

山田直志
Yamada Naoshi
２０１８年度まで総合情報課。現長野市立鬼無里中学校教頭。中野市出身。

館内協力（五十音順）
市川美穂／小田切豊春／酒井真理子／佐藤国昭／相馬麻織／塚﨑敦子／塚田智子／土屋英夫／本藤直美／丸山洋子／南澤麻美／宮入千恵子／宮下啓一

切り絵制作　長野県屋代南高等学校3年生および美術部

協力者・写真提供機関（50音順）
飯田市教育委員会、飯綱町教育委員会、上田市教育委員会、北相木村教育委員会、工藤路江、小池淳夫、高原社、国分寺市教育委員会、国立歴史民俗博物館、小林講和、酒井健次、信濃毎日新聞社、須坂東高等学校同窓会、台東区立書道博物館、大日本蚕糸会、田淵行男記念館、知桐功治、天竜かっぱ広場おもしろかっぱ館、東京国立博物館、鳥羽英継、長門裕幸、長野県阿南高等学校、長野県埋蔵文化財センター、長野国際親善クラブ会長 倉島卓人、長野市教育委員会事務局学校教育課、長野市立三本柳小学校、中村初子、仲山雄貴、日本新聞博物館、松澤製糸所、宮坂製糸所、みやこ町教育委員会、宮崎知幾、宮田村教育委員会、八代彩、ルダシングワ＝ガテラ・真美、「2018一校一国運動事例発表会in Nagano」参加者

ブックデザイン　中沢定幸
編集　山崎紀子

新たな時代にはばたく信州
信州を学ぶ◉未来を創る編

2019年5月30日　初版発行

編著者　長野県立歴史館
〒387-0007　千曲市屋代260-6
TEL026-274-2000 FAX026-274-3996
http://www.npmh.net/
発　行　信濃毎日新聞社
〒380-8546　長野市南県町657
TEL026-236-3377 FAX026-236-3096
https://shop.shinmai.co.jp/books/
印刷所　大日本法令印刷株式会社

ISBN978-4-7840-7349-8　C0021